Susanne Seethaler

Vom Glück, mit Liebe zu kochen

Susanne Seethaler

Vom Glück, mit Liebe zu kochen

Achtsamkeit im Alltag

nymphenburger

Meinen Lehrern und allen leidenschaftlichen Köchen dieser Welt gewidmet

»Eine gute und ausgewogene Mahlzeit spiegelt immer die freundliche Natur und das offene, mitfühlende Herz des Kochs wider.«
SOEI HOSHINO, ÄBTISSIN DES SANKO-IN TEMPELS
IN KALIFORNIEN

Hinweis: Alle Rezepte in diesem Buch sind für vier Personen bemessen.

Umschlag und Innengestaltung: www.atelier-sanna.com, München
Umschlagmotiv: www.atelier-sanna.com, München
Fotos und Styling: www.atelier-sanna.com, München
Bistrofotos entstanden mit freundlicher Genehmigung vom Gartensalon München
Motiv S. 11: Jeanette Randerath
Motive: S. 23, S. 29, S. 84, S. 94 Susanne Seethaler
Motive: S. 16 © sarsmis, S. 18 © emmi, S. 24 © Twilight_Art_Pictures, S. 31 © goccedicolore, S. 50 © contrastwerkstatt, S. 89 © frankoppermann, – Fotolia.com
Gesetzt aus: 9,5/13 pt. MetaPlus Normal
Gesamtherstellung: Print Consult GmbH, München
Printed in the EU
ISBN 978-3-485-01324-6

www.nymphenburger-verlag.de
www.susanneseethaler.de

Inhalt

Schmecken, Riechen, Fühlen –

mit allen Sinnen kochen

»Schau mit deinen Augen,
rieche mit deiner Nase,
schmecke mit deiner Zunge …«
ZENMEISTER TENKEI

Dieses Buch handelt in erster Linie vom Glück, und zwar von jenem Glück, das in den kleinen Dingen des Lebens, im Alltäglichen verborgen liegt. In zweiter Linie handelt es vom Kochen und von der Liebe zum Kochen, denn genau da habe ich es persönlich aufgestöbert, dieses eher unscheinbare und doch ganz besondere Glück. Und dann kommt noch die sogenannte Achtsamkeit mit ins Spiel, quasi der Nährboden für Glück und Liebe überhaupt. Achtsamkeit bedeutet liebevolles und interessiertes Gewahrsein in jeder Situation – egal, ob Sie nun in der Küche am Herd stehen, in Ihrem Büro am Schreibtisch sitzen oder nach Feierabend in Ihrem Garten werkeln. Für all diejenigen, die mit diesem Buch arbeiten wollen, sei also gesagt, dass sie die Übungen und Anregungen, in leicht abgewandelter Form natürlich, überall und jederzeit anwenden können. Sie beziehen sich nicht nur auf das Kochen an sich, sondern auf jegliche Art Ihres täglichen Tuns.

Ich habe mich bemüht, vor allem Leichtigkeit und Freude in die nun folgenden Seiten zu bringen, so können Sie Gelassenheit walten lassen und sich ganz entspannt freuen, wenn es Ihnen gelingt, den einen oder anderen Vorschlag aus diesem Buch in Ihrem täglichen Leben umzusetzen.

Die Suche nach dem kleinen Glück im Alltag fängt immer mit einer persönlichen Erfahrung an. Ich stand eines Tages in der kleinen, beengten Küche des Naturkost-Bistros, in dem ich regelmäßig arbeite, und räumte die Spülmaschine ein. Der große Ansturm auf unseren vegetarischen Mittagstisch war vorüber und vor mir türmten sich nun Berge von schmutzigem Geschirr. Ich hatte gerade ein paar große Teller unter fließendem Wasser vorgespült und war dabei, diese nun in die Maschine zu stapeln, als mich plötzlich ein unglaubliches Glücksgefühl durchströmte. Es kam so stark und unvermittelt, dass ich inmitten des Chaos um mich herum regelrecht in Freudentränen ausbrach.

Ich kann mich noch gut daran erinnern, dass ich ein, zwei Minuten – in denen meine Chefin irritiert zu mir herüberschaute – brauchte, um mich von dem Glück zu erholen.

Der Auslöser meines kleinen, zauberhaften Glücksmoments an der Spülmaschine lag in einem scheinbar ganz banalen Tun und in einer Art wachsamen Fühlens. Als ich später die Stunden im Bistro noch einmal Revue passieren ließ, fiel mir auf, dass ich an jenem Tag besonders konzentriert und im wahrsten Sinne des Wortes bei mir gewesen bin. Ich konnte mich sogar noch im Nachhinein regelrecht körperlich daran erinnern, dass ich beim Spülen der Teller in jenem Moment sehr genau gewusst und vor allem gespürt und gefühlt habe, was da gerade vor sich ging: das warme Wasser auf meiner Haut, das Spüren der Beschaffenheit der glatten Porzellanteller zwischen meinen Fingern, das leichte Ziehen in meinem Rücken und meinen Beinen, als ich mich bückte, um die Spülmaschinentür zu öffnen – all dies empfand ich in jenen Augenblicken sehr intensiv, aber irgendwie auch recht gelassen, als wäre ich ein leicht distanzierter, interessierter Beobachter meiner selbst. Ja, und dann streckte ich mich nach dem ersten Teller auf der Abtropffläche, um ihn in den Tiefen der Spülmaschine zu versenken, und da nutzte das Glück wohl die Gunst der Stunde, um mich hinterrücks zu überfallen.

Von jenem Zeitpunkt an war das Glück nicht mehr sicher vor mir; und die Küche, mein täglicher Arbeitsplatz, wurde ein optimales Experimentierfeld für die Suche nach dem kleinen Glück. Keine großen Verliebtheitsgeschichten oder unglaublich tolle, bewegende Glücksmomente, von denen wir sicher alle im Verborgenen träumen, hatten es mir angetan, sondern ebenjenes Kleine und Zarte, das sich im täglich gewebten Alltagsteppich als kaum sichtbare Knubbel und Erhebungen verbirgt, weckte meinen Jagdtrieb. Ich stellte relativ schnell fest, dass mir, wenn ich ruhig und aufmerksam arbeitete und mich beispielsweise – und zwar mit allen Sinnen! – ganz auf das Schneiden des Gemüses konzentrierte, mir erstens die Arbeit schneller von der Hand ging, was ja auch irgendwie logisch ist, und ich zweitens erfüllt wurde von einem tiefen Gefühl der Gelassenheit und des Zufriedenseins – unbestritten zwei enge Verwandte aus der großen Familie Glück.

»Das kleine Glück wartet überall.«

Immer wieder neu habe ich mich gezielt auf die Suche nach dem Ursprung dieses warmen und freudigen Gefühls gemacht. Ich habe es an den unscheinbarsten Orten aufgespürt, in unerwarteten Situationen, beim bewussten Tun von Kleinigkeiten. Es ist mir entwischt, wenn ich es festhalten wollte – doch habe ich ihm mit detektivischem Gespür immer wieder aufgelauert, es genau beobachtet und genau hingespürt. Mit der Zeit habe ich das kleine Glück immer besser kennengelernt, seine Eigenheiten und Launen, die Kunst, es zu locken und zu genießen.

Mit allen Sinnen

Ich entdeckte, dass das ganze Erlebnisspektrum auch immer noch erweiterbar war: Mit »allen Sinnen«, das bedeutet ja nicht nur fühlen, sondern auch schmecken und riechen. Natürlich kennen wir alle das Glücksgefühl, wenn ein Stückchen unserer Lieblingsschokolade langsam im Mund zergeht: das weiche Gefühl auf Zunge und Gaumen, der süße Schmelz... Oder der charakteristische Duft unseres Lieblingsessens, der vielleicht Erinnerungen an unbeschwerte Kindertage hervorruft, an denen wir, ausgehungert vom Spielen oder von der Schule, nach Hause kamen und dann auf dem Mittagstisch die ersehnten Pfannkuchen oder Spaghetti mit Tomatensoße standen.

Im Zuge meiner Experimentierfreudigkeit begann ich, die charakteristischen Merkmale der Lebensmittel und Speisen regelrecht neu zu erschnuppern, zu erriechen und im wahrsten Sinne des Wortes auch neu zu erschmecken. Ich entdeckte nämlich neben verschiedensten Geschmacksrichtungen auch noch andere Beschaffenheiten meines täglichen Essens wieder neu: Hartes, Weiches und Knuspriges zum Beispiel oder Feuchtes, Heißes und Kaltes – und das war erst der Anfang einer unglaublichen Fülle an erfahrbaren Sinneseindrücken.

Ich erlaubte mir auch, wieder zu schmatzen und zu schlürfen. Okay, nicht zu allen Gelegenheiten – ich weiß mich selbstverständlich in der Öffentlichkeit zu benehmen! Das Glücksgefühl, das einen durchströmen kann, wenn man volle Kanne in einen Apfel beißt oder sich eine Handvoll Kartoffelchips in den Mund schmeißt, um dann mit offenem Mund zu knuspern und zu kauen, erinnert mich persönlich voller Entzücken an die warmen Sommertage meiner Kindheit, an denen ich mit Freunden in Nachbars Garten Äpfel klaute, oder an die Samstagabende, zu denen es von meiner Mutter – nach der obligatorischen Badewanne – für mich

und meine kleine Schwester je eine Tüte Chips gab, die wir dann genüsslich vor dem Fernseher verspeisen durften.
Gerade in Sachen Essen und Genießen gibt es so viel zu entdecken, man denke nur an das ganze Spektrum der Farben und Formen bei Obst und Gemüse. Doch ich möchte Sie nicht gleich zu Beginn des Buches überfordern, wir werden uns langsam in die Materie vertiefen. Schließlich geht es uns ja um das kleine Glück, das manchmal sogar im Verborgenen liegt und das behutsam entdeckt werden möchte.

Sie werden feststellen, dass Sie das Glück, wie eingangs erwähnt, nicht nur am Herd oder am Spülbecken antreffen können. Es lauert sprichwörtlich überall und die Küche ist nur unser Übungsfeld, in dem wir lernen, Dinge des Alltags bewusster und ein bisschen anders zu tun, als wir das gewohnt sind.
Ich wünsche Ihnen nun viel Spaß beim Suchen und Aufspüren – und natürlich auch beim Kochen und Genießen.

»Daikoku und Ebisu sind japanische Glücksgötter. Sie im Haus zu haben sorgt für Wohlstand und Glück.«

Die Lust an der Fülle –

vom täglichen Einkaufsstress zum bewussten Auswählen

»Stellen Sie beim Einkaufen Fragen, fragen Sie vielleicht auch mal auf dem Wochenmarkt den Verkäufer oder die Marktfrau nach einem guten Rezept. Wählen Sie sorgfältig und kommen Sie ins Gespräch mit den Menschen – und mit den Lebensmitteln!« EDWARD ESPE BROWN IN EINEM SEINER KOCHKURSE

Jeder von uns hat ein Gefühl dafür, was ihm guttut und was nicht. Susan Albers hat den Ausdruck der »klugen Essenswahl« geprägt. Ihrer Erfahrung nach können wir durch kluge Entscheidungen unserem Körper ermöglichen, optimal mit unserem Geist, also auch mit unserem Herzen und unseren Gefühlen, zusammenzuarbeiten.

Dieses Wissen ist in uns allen bereits angelegt und hat in der Regel herzlich wenig mit den vielen Ernährungsratgebern und Diätbüchern zu tun, die uns weismachen möchten, dass wir im Grunde keine Ahnung von optimaler Ernährung haben. Wenn wir beginnen, auf unseren Körper und auf unsere Gefühle zu achten, die wir in Bezug auf die Nahrung, die wir zu uns nehmen, empfinden, dann lässt sich unsere ureigene Weisheit recht schnell blicken und zeigt uns ganz genau, was unser Körper braucht, um gesund und vital zu bleiben.

Ich selbst habe, nach jahrelangem Kalorienzählen und demnach viel Verzicht, festgestellt, dass mein Körper eine gewisse Substanz, sprich ein höheres Gewicht, braucht, damit ich mich gesund und wohl fühle. Und natürlich hat es eine gewisse Zeit, und wenn ich ehrlich bin, sogar ziemlich lange gebraucht, um das zu akzeptieren, so sehr war auch ich dem allgemeinen Schlankheitswahn verfallen.

Liebevolles Gewahrsein

Wir brauchen liebevolles Gewahrsein für uns selbst. Der amerikanische Meditationslehrers James Baraz hat dies so beschrieben: »Stellen Sie sich eine Großmutter vor, die mit ihren Enkelkindern auf dem Spielplatz ist. Die alte Dame sitzt gemütlich auf einer Bank und genießt vielleicht die ersten warmen Sonnenstrahlen des Jahres. Vor ihr spielen die Enkelkinder im Sandkasten. Sie backen emsig Kuchen oder bauen Sandburgen, sie streiten und versöhnen sich wieder, sie lachen und vergießen ein paar Tränchen. All dies beobachtet die Großmutter interessiert und mit wachen, liebevollen Augen. Ihre lebenslange Erfahrung und die damit einhergehende Weisheit haben sie Gelassenheit gelehrt und so greift sie nur ein, wenn es unbedingt notwendig ist. Doch ihre Liebe zu den Enkelkindern bewirkt, dass ihr Herz weit offen ist für die Kleinen da vor ihr im Sandkasten, und ihr Interesse für das, was sie gerade so treiben, lässt keine Sekunde nach.«

Diese zärtliche Gelassenheit, dieses offene, liebevolle Gewahrsein ist uns in die Wiege gelegt worden. Beobachten Sie einmal ein Kleinkind, wie es seine Umwelt entdeckt und erforscht. Mit allen Sinnen und voller Freude wird da die Welt erobert und der Horizont täglich erweitert. Erwachsen geworden, haben viele Menschen dieses Interesse und die spielerische Offenheit für ihr direktes Umfeld verloren oder, sagen wir besser, es wartet verstaubt in einer Kellerecke unseres Unterbewusstseins darauf, wieder hervorgeholt zu werden.

Vor einigen Jahren besuchte ich für drei Wochen ein buddhistisches Kloster in Südfrankreich. Der Abt dieses Klosters, Thich Nhat Hanh, hielt jeden Morgen um sieben Uhr einen fast zweistündigen Vortrag, und zwar im Grunde immer zum gleichen Thema, nämlich zum offenen Gewahrsein, also zur Achtsamkeit. In einem dieser Vorträge bat er uns, bei einer der folgenden Mahlzeiten an diesem Tag ein Nahrungsmittel oder Gericht ganz bewusst auszuwählen, um uns dann an einem ruhigen Ort intensiv damit beschäftigen zu können. Diese außergewöhnliche Übung ist im Folgenden genau beschrieben; sie kann helfen, die Neugier und das Interesse an den einfachsten Dingen – in unserem speziellen Fall eben für Nahrungsmittel – wieder neu zu wecken. Es ist unschwer zu erkennen, dass ich mich damals für ein Gericht aus grünen Bohnen entschieden habe. Für welches Lebensmittel Sie sich entscheiden, bleibt Ihnen natürlich selbst überlassen.

»Ich habe bereits mehr als genug, um glücklich zu sein.«

Übung
Der Weg der Bohne

Wählen Sie ein Nahrungsmittel für diese Übung aus: Das kann eine Scheibe Brot sein, ein Apfel oder auch ein komplettes Gericht, aus dem Sie sich wiederum einen einzelnen Bestandteil heraussuchen. Unsere, in diesem Fall gekochte grüne Bohne dient hier nur als Orientierungsmittel:

- Beginnen Sie die Übung damit, Ihre Bohne ausgiebig in Augenschein zu nehmen. Schnuppern Sie daran und spießen Sie dieses Wunder der Natur auf Ihre Gabel, damit es von allen Seiten gedreht, gewendet und begutachtet werden kann. Lassen Sie sich dabei alle Zeit der Welt.
- Jetzt rufen Sie sich in Erinnerung, welch weiten Weg dieses zarte Gemüse bereits hinter sich gebracht hat, bis es auf Ihrem Teller als köstliches und nahrhaftes Gericht gelandet ist. Was hat es alles gebraucht, um dieses Wunderwerk der Natur hervorzubringen?
- Versuchen Sie sich die Bohne als den harten Samen, der sie ja einst gewesen ist, bildlich vorzustellen und denken Sie an die menschliche Hand – vermutlich die eines Bauern –, die ihn in die Erde gesteckt hat. Von der Sonne gewärmt, vom Regen gewässert und von unserem Bauern sorgfältig gepflegt, wuchs erst ein zarter Keimling und schließlich rankte dann eine stattliche Pflanze dem Himmel entgegen, die hoffentlich reichlich Früchte trug, darunter auch unsere kleine Bohne. Die Ernte wurde eingefahren und vielleicht verdienten sich ein paar Erntehelfer aus fernen Ländern ein paar Münzen dazu, die ihnen zu Hause während der Wintermonate zu einem besseren Leben verhelfen werden.
- Wenn Sie noch tiefer schauen, dann werden Ihnen bestimmt noch viele weitere Menschen – der Lastwagenfahrer, die Verpacker, der Gemüsehändler usw. – einfallen, die

nicht unwesentlich dazu beigetragen haben, dass speziell diese eine Bohne letztendlich unversehrt auf unserem Teller gelandet ist.

⇢ Vieler Hände Arbeit waren also nötig, um die Bohne auf ihren Weg zu Ihnen zu bringen. Ganz zu schweigen von den äußeren Umständen, wie zum Beispiel dem Wetter, der Sonne, dem Regen, der Wärme, oder einem optimalen und nährstoffreichen Boden, die erheblich dazu beigetragen haben, dass Sie es sich nun schmecken lassen können.

⇢ Vergessen Sie auch nicht den Koch. Vielleicht standen Sie ja selbst am Herd, haben Zeit und Mühe auf sich genommen, um die Bohne schmackhaft zuzubereiten.

⇢ Hätte auch nur ein Glied in dieser Kette versagt, unsere Bohne hätte vielleicht nie den Weg zu uns gefunden.

⇢ Jetzt liegt sie glücklicherweise lecker zubereitet vor Ihnen und wartet darauf, von Ihnen verzehrt zu werden. Die Reise der Bohne geht also weiter, denn nach dem ersten freudigen Geschmackserlebnis, wandert sie durch Ihre Mundhöhle hindurch die Speiseröhre hinunter, um schließlich vorübergehend in Ihrem Magen zu landen.

⇢ Versuchen Sie sich den Weg der Bohne möglichst genau vorzustellen. Halten Sie immer wieder, wenn nötig, inne und visualisieren Sie diese spannende Reise so bildreich wie möglich.

⇢ Weiter geht es durch den Darm. Nun ist die Bohne längst in ihre Bestandteile aufgelöst. Durch die Darmwände zieht sich unser Körper jetzt das heraus, was er braucht, um uns am Leben zu erhalten. Die Bohne wird regelrecht eins mit uns. Sie verwandelt sich und trägt ihren Teil dazu bei, dass es uns gut geht und wir gesund und munter sind. Zum Schluss verlässt uns alles, was vom Körper nicht verwertet werden kann, und reiht sich in einen anderen Kreislauf, außerhalb von uns, wieder ein.

⇢ Vielleicht fühlen Sie während dieser Übung Dankbarkeit in Ihrem Herzen, Dankbarkeit all den vielen Lebewesen gegenüber, die Ihnen auf dem »Weg der Bohne« eben begegnet sind – und natürlich auch gegenüber der Natur und Ihrem Körper. So viele Menschen und Umstände haben es gemeinsam möglich gemacht, dass Ihr Körper lebendig und kraftvoll weiterleben darf.

⇢ Wenn Sie möchten, dann verneigen Sie sich nun zum Abschluss der Übung oder sprechen Sie ein kleines Dankeschön.

REZEPT: Junges Bohnengemüse mit Orangenbutter und frischen Minzeblättern
Zubereitungszeit ca. 25 Minuten

Dieses einfache, äußerst feine Bohnengericht können Sie als Beilage zu vielen Fisch- oder Fleischgerichten verwenden, aber natürlich auch als Hauptgericht, vielleicht mit ein paar gedämpften Kartoffeln. Orangenbutter und Minze bewirken im Mund eine regelrechte Geschmacksexplosion, sodass Sie vielleicht Mühe haben werden, den »Weg der Bohne« konsequent weiterzuverfolgen – aber Übung macht ja bekanntlich den Meister bzw. die Meisterin! Übrigens, Sie können das Bohnengemüse auch durch frischen grünen Spargel ersetzen, das schmeckt auch sehr lecker.

Für die Bohnen:
1 kg junge, frische Brechbohnen (oder ca. 600 g Bohnen als Beilage)
Salz und Pfeffer

Für die Orangenbutter:
ca. 100 g Butter
Schale von 1/2 unbehandelten Orange, gerieben oder in feine Streifen (Zesten) geschnitten
ca. 1,5 cm frischer Ingwer, geschält und fein gehackt
Saft von 1 Orange

Sonstiges:
2 EL frische Minzeblätter, grob gezupft
1 große Schüssel mit kaltem Wasser und Eiswürfeln zum Abschrecken der Bohnen

Die Bohnen in reichlich kochendem Wasser ca. 10 bis 15 Minuten bissfest garen. Währenddessen die Butter in einer Pfanne erhitzen. Orangenzesten und Ingwer zugeben und 1 bis 2 Minuten lang andünsten. Dann Orangensaft zugeben und das Ganze sachte 1 bis 2 Minuten köcheln lassen.
Die fertigen Bohnen abseien und kurz im Eiswasser abschrecken, damit sie ihre grüne Farbe behalten. Anschließend die Bohnen mit einer Schaumkelle aus dem Wasser heben, zum Pfanneninhalt geben und gut durchschwenken.
Evtl. mit etwas Salz und Pfeffer abschmecken.
Zum Anrichten mit frischer Minze bestreuen.

Danke, liebes Essen …

Wenn Sie dieses wunderbare Essen zubereitet haben und am Tisch sitzen, haben Sie vielleicht das Bedürfnis, einen kurzen Moment innezuhalten. Hierzu passt zum Beispiel auch ein schöner Tischsegen, den ich in Kalifornien kennengelernt habe. Ich war zum Abendessen bei Freunden eingeladen – nebenbei bemerkt, es gab Spinatcremesuppe mit Popkorneinlage, für einen europäischen Gaumen also recht gewöhnungsbedürftig – und nachdem wir uns gemeinsam am Tisch niedergelassen hatten, fassten wir uns auf Geheiß der Gastgeberin an den Händen. Nun begann die Köchin, alle Zutaten aufzuzählen, aus denen diese Suppe, die da vor uns in ihren Tellern dampfte, bestand. Kein Gewürz, keine Flüssigkeit, ja nicht einmal Salz und Pfeffer wurden weggelassen. Nach jeder Zutat, die erwähnt wurde, sagten alle am Tisch laut und kräftig: »Danke, gesegnet seist du!«
Zugegeben, das Ganze nahm etwas Zeit in Anspruch – Gott sei Dank gab es nur eine schlichte Suppe! Trotzdem war es schön, sich gemeinsam daran zu erinnern, was es alles gebraucht hatte, um genau dieses Gericht zuzubereiten. Und als wir endlich zu essen anfingen, war die Suppe auch noch auf angenehme Temperatur heruntergekühlt.

Diese Art der Dankbarkeit kann man überall aufspüren, wenn man sie einmal selbst in sich gespürt hat. Eines Abends war ich z. B. mit einem Freund beim Essen. Fast ein bisschen schüchtern erzählte er mir, dass er es in der Regel nie versäume, vor einer Mahlzeit sein Essen zu segnen oder einen kurzen Dank auszusprechen. Meist geschehe dies – wie jetzt eben, im Restaurant – leise und unauffällig, ein kurzes Senken des Kopfes, ein leise geflüstertes Dankeschön, doch daheim würde er durchaus laut und kräftig seinen Dank bekunden, denn schließlich sei es doch nicht selbstverständlich, in solch einer Fülle leben zu dürfen.
Einige Segenswünsche aus meiner Kindheit, als es noch gang und gäbe war, vor einer Mahlzeit am Familientisch gemeinsam zu beten, sind mir nach dem Abend mit meinem Freund im Restaurant wieder eingefallen. In unserer hektischen Zeit, in der wir nicht selten einfach gedankenlos etwas in uns hineinstopfen, um unseren Hunger zu stillen, fällt das Gefühl der Dankbarkeit jedoch oft buchstäblich unter den reichlich gedeckten Tisch. Dabei liegt in solch einer kleinen Geste, wie zum Beispiel dem Falten der Hände, ein großes, nicht zu unterschätzendes Glückspotenzial – probieren Sie es aus!

In einem der Küchenhäuser des Zenmeisters Shunryu Suzukis hängt in einem kleinen Nebenraum, in dem sich die Köche in der Regel umziehen und wo eine große Spülmaschine, dampfend und zischend, die vielen schmutzigen Teller und Tassen, die in solch einem großen Meditationszentrum täglich anfallen, im Minutentakt blitzblank wäscht, ein Segensspruch, der mich jedes Mal, wenn ich daran vorbeigegangen bin, berührt hat. Vielleicht findet sich an Ihrem Kühlschrank auch noch ein freies Plätzchen für diese wunderbaren Wünsche …

Mögen diese Küche und
alle, die darin arbeiten,
gesegnet sein.
Mögen alle Küchenutensilien
und Gerätschaften, die zum
Kochen notwendig sind,
gesegnet sein.
Und möge das Essen, das in
dieser Küche zubereitet wird,
den Menschen Nahrung und
Segnung zugleich sein.

Das Glück der Fülle

Wenn wir uns mit der Zeit immer mehr bewusst werden, was wir da gerade im Begriff sind in den Mund oder in den Einkaufskorb zu stecken und welchen Aufwand und welche Mühe es gekostet hat, dieses Produkt herzustellen, dieses Obst oder jenes Gemüse anzubauen oder Hühner und Schweine gesund und artgerecht aufzuziehen, bis sie schlachtreif sind, dann beginnt Dankbarkeit in uns heranzureifen. In welcher Fülle und in welchem Überfluss wir Menschen in der westlichen Welt leben dürfen, ist vielen sicher längst klar, dennoch vergessen wir oft, dass dies in vielen Teilen der Welt nicht die Norm ist.

Der eingangs zitierte Zenmeister Edward Espe Brown erzählte, dass er sich nicht nur gerne mit den Verkäufern und Lebensmittelhändlern unterhält, um Genaueres über die einzelnen Produkte zu erfahren, er spricht auch leise zu Obst und Gemüse, wenn er sich beispielsweise mit seinem Einkaufswagen durch einen Supermarkt bewegt. Dies ist seine ureigene, für Außenstehende wohl etwas schrullige Vorgehensweise, Kontakt zu Nahrungsmitteln aufzunehmen. Wann immer möglich, berührt er dabei auch die Waren, riecht daran und erkundigt sich nach ihrem Befinden, indem er sie eingehend untersucht: »Hast du eine lange Reise hinter dir?« oder »Mit welchem deiner Nachbarn hier auf dem Warentisch würdest du heute Abend gerne in meiner Salatschüssel landen – diese Radieschen dort drüben vielleicht oder mit jenen Nüssen dort vis-à-vis im Regal?« Diese Befragungen schließen auch immer ein Dankeschön ob der Fülle, die sich ihm verschwenderisch darbietet, mit ein. Zugegeben, Eds etwas ungewöhnliche Art, ein tieferes Bewusstsein für Lebensmittel zu entwickeln, ist vielleicht typisch amerikanisch, doch hatte ich richtig Spaß daran, als ich mir erstmals ein Beispiel an seinen Gemüse- und Obstunterhaltungen nahm und überschwänglich einen Berg Tomaten auf dem Wochenmarkt begrüßte – die ersten der Saison, prall und üppig rot, nur darauf wartend, von mir zu leckerem Sugo verarbeitet zu werden! Ich bilde mir heute noch ein, dass sie sich über mein »Hallo« gefreut haben.

REZEPT: Kartoffel-Graupen-Suppe
Zubereitungszeit ca. 50 Minuten

Genau genommen ist diese Suppe ein gestandener Eintopf, mit all den vielen verschiedenen Gemüsesorten, die den Kartoffeln und Graupen im Topf Gesellschaft leisten. Das Gemüse können Sie beliebig variieren, denn zu Graupen passt so gut wie alles, was die Erde in den verschiedenen Jahreszeiten zu bieten hat.
Die Gerstengraupen saugen sich mit der Suppenflüssigkeit während des Kochens gehörig voll, um letztendlich ihre Größe fast zu verdoppeln, es ist also gut möglich, dass Sie noch zusätzlich Gemüsebrühe aufgießen müssen, um dem Ganzen wieder zu einem suppigen Charakter zu verhelfen, falls Sie das möchten.

Für die Suppe:
2 EL Olivenöl
1 mittelgroße Zwiebel, geschält und in feine Würfel geschnitten
150 g Gerstengraupen, gewaschen
ca. 3 getrocknete Lorbeerblätter
ca. 4 getrocknete Wacholderbeeren
1 bis 2 EL dunkler Balsamico-Essig
5 mittelgroße Kartoffeln, geschält und in Stücke geschnitten
2 kleine Möhren, geschält und in Stücke geschnitten
1 kleiner Kohlrabi, geschält und in Stücke geschnitten
1 mittlere Stange Lauch, gewaschen und in feine Ringe geschnitten
ca. 1 3/4 l heiße Gemüsebrühe
Pfeffer
1 bis 2 EL frische Petersilie, fein gehackt

Das Olivenöl in einem großen Topf erhitzen und die Zwiebelwürfel darin scharf anbraten.

Die Hitze auf mittlere Flamme reduzieren und die Gerstengraupen zusammen mit den Lorbeerblättern und den Wacholderbeeren dazugeben. Unter ständigem Rühren ca. 1 Minute lang anbraten und dann mit Balsamico-Essig ablöschen.

Das Gemüse zugeben und unter gelegentlichem Umrühren ca. 2 Minuten dünsten. Anschließend mit Gemüsebrühe aufgießen.

Die Suppe ca. 35 Minuten lang halb zugedeckt köcheln lassen, bis das Gemüse gar ist und die Gerstengraupen weich sind.

Mit Pfeffer abschmecken und die Kartoffel-Graupen-Suppe zum Servieren mit frischer Petersilie garnieren.

Fair gehandelt, schmeckt besser

Nach der Flowerpower-Bewegung, also in den 1980er-Jahren, wollte ein Großteil der Hippies nicht länger in San Francisco bleiben. Viele sahen in dem wilden Leben, inklusive Drogen und anderen Exzessen, keinen Sinn mehr und so zogen etliche von ihnen in den nahen Norden nach Marin County, gleich jenseits der Golden Gate Bridge. Dort begannen sie, ein geregelteres Leben zu führen und nach alternativen Lebensformen zu suchen, die auch ihre neu gegründeten Familien ernähren konnten. So entstanden bald kleinere und größere ökologische Anbaugebiete und Farmen, die heute noch in den gesamten Vereinigten Staaten hohes Ansehen genießen.

Viele Sternerestaurants im ganzen Land werden ausschließlich mit Obst und Gemüse aus der sogenannten Bay Area und den angrenzenden Regionen beliefert; und schlendert man am Wochenende frühmorgens über einen der vielen Bauernmärkte, kommt man aus dem Staunen über die Vielfalt und Farbenpracht gar nicht mehr heraus. Die oberste Devise lautet hier: So frisch und ökologisch wie möglich – und vor allem den Jahreszeiten angepasst.

Zudem legen die Menschen in dieser

Ecke Amerikas großen Wert auf fairen Handel, Fair Trade genannt. Und so liegen fair gehandeltes Obst und Gemüse, wie Avocados und mir unbekannte Zitrusfrüchte – sehr lecker! –, auf den überquellenden Marktständen zu farbenprächtigen Pyramiden angehäuft, neben verschiedenen mexikanischen Chilisorten und einheimischen Mangoldsorten, die gerade Saison haben.

Man muss selbstverständlich nicht gleich um den ganzen Erdball reisen, um frische, biologisch einwandfreie Produkte für sich und den heimischen Herd zu entdecken oder um generell ein Bewusstsein dafür zu entwickeln, wie viel mehr Glück und Freude beispielsweise ein asiatischer Reisbauer bei seiner Arbeit empfindet, wenn er für seine mühsam angebauten Erzeugnisse auf dem Weltmarkt einen fairen Preis bezahlt bekommt.
In Sachen Jahreszeitenküche haben es die Kalifornier allerdings aufgrund ihres Klimas etwas leichter als Menschen, die auf anderen, vielleicht ungemütlicheren Breitengraden ihr Zuhause haben. Bereits Mitte Februar beginnt in Nordkalifornien alles zu sprießen und zu blühen, da liegt halb Europa noch im Winterschlaf. Und ehrlich gesagt können Pastinaken und Rosenkohl einem Durchschnittseuropäer nach ein paar Monaten voller Schnee und Eis – vorausgesetzt man hält sich strikt an das, was jede Jahreszeit für sich gesehen so zu bieten hat – ganz schön aufs Gemüt schlagen. Nichtsdestotrotz wagten vor ein paar Jahren Freunde von mir das Experiment »Jahreszeitenküche« und siehe da, die ganze Familie ist seither strikt dabei geblieben. Es fehle ihnen an nichts, so die einhellige Meinung aller Familienmitglieder, einschließlich pubertierendem Nachwuchs.
In manchen asiatischen Traditionen, wie beispielsweise im Zenbuddhismus, hat

die Jahreszeitenküche sogar noch einen tieferen Sinn. Dort geht man davon aus, dass Wintergerichte und -gemüse sowie Eintöpfe, Wurzelgemüse, Buchweizen, aber auch brauner Reis oder Quinoa, die das ganze Jahr über Saison haben, den Körper während der kalten Jahreszeit von innen her erwärmen und somit das fragile Gleichgewicht von Yin und Yang wiederherstellen.
Falls Sie nun selbst auch auf den Geschmack gekommen sind und einmal ausprobieren wollen, was es heißt, gemäß den Jahreszeiten zu leben, folgt zur Einstimmung für das Winterquartal das passende Suppenrezept.

REZEPT: Pastinaken-Apfel-Suppe mit Tamari-Sonnenblumenkernen
Zubereitungszeit ca. 45 Minuten

Für die Suppe:
1 EL Butter
1 dünne Stange Lauch, gewaschen und in feine Scheibchen geschnitten
2 mittelgroße Pastinaken – wahlweise Petersilienwurzeln, geschält und in gleichmäßige Würfel geschnitten
2 mittelgroße mehlige Kartoffeln, geschält und in gleichmäßige Würfel geschnitten
2 säuerliche Äpfel (z. B. Elstar oder Boskop), ungeschält, vom Kerngehäuse befreit und in gleichmäßige Würfel geschnitten
1 l heiße Gemüsebrühe
300 ml Apfelsaft
Saft von 1/2 Zitrone
ca. 100 g Sahne
Salz, Pfeffer und Muskat

Für die Sonnenblumenkerne:
3 EL Sonnenblumenkerne
1 TL Tamarisoße – wahlweise Shoyusoße

Butter in einem mittelgroßen Topf erhitzen. Lauch, Pastinaken, Kartoffeln und Äpfel zugeben und das Ganze unter mehrfachem Umrühren ca. 2 bis 3 Minuten andünsten. Anschließend mit Gemüsebrühe und Apfelsaft aufgießen. Alles auf mittlerer Flamme köcheln lassen, bis das Gemüse gar ist.

Währenddessen eine beschichtete Pfanne auf der Herdplatte trocken erhitzen. Ist der Pfannenboden heiß, Sonnenblumenkerne zugeben und unter mehrfachem Schwenken in ca. 3 bis 5 Minuten goldbraun rösten. Zum Schluss mit Tamarisoße ablöschen und alles gut miteinander verrühren.

Pfanne vom Herd nehmen und die Sonnenblumenkerne in eine kleine Schüssel füllen. Beiseite stellen.

Nun das gekochte Gemüse im Suppentopf mit einem Pürierstab fein pürieren.

Zitronensaft und Sahne zugeben, gut unterrühren und die noch heiße Suppe mit Salz, Pfeffer und Muskat abschmecken.

Zusammen mit den Tamari-Sonnenblumenkernen servieren.

In Ruhe einkaufen

Bevor wir uns voller Freude und Achtsamkeit an den Herd stürzen, um diese wunderbare Suppe – oder was auch immer – zuzubereiten, steht in der Regel das Einkaufen an. Ich hoffe, die vorangegangenen Zeilen haben Ihnen bereits einige Möglichkeiten aufgezeigt, bewusster und gezielter einzukaufen. Zum Beispiel gezielt und langsam auszuwählen, die Waren zu sich sprechen und sich von ihnen inspirieren zu lassen, auf Qualität zu achten und so weiter. »Alles schön und gut«, höre ich die eine oder den anderen unter Ihnen nun vor sich hin brummeln, »doch wie soll ich das zeitlich schaffen, bei meinem Stress und der Hektik? Undenkbar!«

Wirklich? Wir können alle ohne allzu großen Aufwand, ohne Schweiß auf der Stirn und vibrierende Nerven durch den Supermarkt gehen – selbst mit quengelnden Kinder im Schlepptau. Wir haben immer, in jedem Augenblick die Wahl und können uns so oder so entscheiden. Nur sind wir uns dessen meist nicht bewusst.

Ein paar Tricks können uns dabei helfen, z. B. die gut bekannte Einkaufsliste, die vorher in Ruhe und mit Bedacht am heimischen Küchentisch erstellt wird; Sie sind schlichtweg glücklicher dran, wenn Sie mit besagtem Zettel in der Hand an den Regalen vorbeiziehen, sich nicht in der unglaublichen Fülle verlieren, sondern wissen, was auf Ihrem Essensplan steht. Das erspart Ihnen mit Sicherheit einen möglichen zweiten, hektischen Gang, vielleicht auch noch mitten im Kochen, weil Sie z. B. die Sahne für die Soße oder was auch immer wahnsinnig Wichtiges vergessen haben.

Selbst im Fall von kleinen, lieben Kindern, die brüllend an Ihrem Hosenbein hängen, weil sie ohne diese speziellen Schokoladenbonbons aus dem untersten Regal partout nicht glauben weiterleben zu können, oder dem Stress, nach Büroschluss – und demnach kurz vor Ladenschluss! – noch durch die Gänge hetzen zu müssen. Sie können das, was Sie tun, auch in Ruhe tun; schon ein kurzes Innehalten verändert die Situation. Denken Sie an die Großmutter, die von der Bank aus liebevoll die Enkel beim Spielen beobachtet: Treten Sie innerlich einen Schritt zurück, atmen Sie tief durch und setzen Sie sich in Ihrer Fantasie auf eine solche Bank.

Oder hängen Sie sich über die Tiefkühltruhe – ein idealer Ort für ein innerliches Zurücktreten. Tun Sie so, als würden Sie interessiert die Auslage betrachten. Ist Ihnen vor lauter Hektik auch noch heiß geworden, wunderbar, öffnen Sie kurz die Truhe und lassen Sie sich von der arktischen Kälte, die von den Pizzaschachteln oder Eiscremedosen aufsteigt, die erhitzten Wangen kitzeln und atmen Sie tief durch.

Und nun ab mit Ihnen auf die imaginäre Parkbank: Sie sind weise, Sie kennen Ihr eigenes Leben in- und auswendig. Sie wissen, dass es jetzt gerade echt stressig ist – daran ist wohl recht wenig zu ändern. Schauen Sie sich selbst dabei zu, wie Sie durch die Gänge fegen, und seien Sie nachsichtig mit sich selbst. Haben Sie ein liebevolles, interessiertes und großmütterliches Auge auf sich und vielleicht schaffen Sie es dann schon an der Käsetheke, etwas ruhiger zu werden.

Spätestens an der Kasse schenkt Ihnen vielleicht eine bereits wartende Menschenschlange noch einen unerwarteten Moment der Ruhe – meist hat es ja noch weitere Gestresste um die gleiche Zeit in den Supermarkt verschlagen oder andere Mütter kämpfen auch gerade mit wild um sich schlagendem Nachwuchs direkt vor Ihnen am Warenlaufband. Dann setzen Sie sich noch einmal kurz zu sich selbst auf die Bank, lächeln sich wissend zu oder vielleicht lachen Sie sogar gemeinsam mit Ihrer inneren Großmutter aus vollem Herzen darüber, wie irrsinnig und hektisch das Leben zuweilen sein kann.

Manchmal bekommt man dabei unerwartet sogar ein kleines Glücksgeschenk obendrein. Denn solch ein stilles Lächeln, das man an sein eigenes Herz richtet, wird vielleicht von der Kassiererin bemerkt, die in ihrem ureigenen täglichen Hamsterrad steckt und die genau an diesem Moment nur noch das Ende ihrer Schicht herbeisehnt. Und dann kommen Sie daher, vergnügt in sich hineinlächelnd – und der Arbeitstag dieser Frau ist, inspiriert und angesprochen durch Ihr schönes, entspanntes Gesicht, für heute vielleicht gerettet.

Solch kleine Gesten und Begebenheiten kennen wir alle aus unserem Leben, man braucht nur etwas genauer hinzusehen, um wacher für diese kostbaren Augenblicke zu werden. So kann man sich sogar unter Fremden gegenseitig mit einem Lächeln oder einem kleinen Augenzwinkern beschenken.

Falls Sie übrigens das Gefühl haben, dass Ihre kostbar bemessene Zeit noch nicht einmal für einen kurzen Zwischenstopp auf der imaginären Parkbank reicht, kann ich Ihnen noch einen weiteren schönen Tipp mit auf den hektischen Einkaufsweg geben. Erinnern Sie sich noch an Michael Endes zauberhafte Geschichte über Momo, das kleine Waisenmädchen, dem nach zahlreichen Abenteuern das Geheimnis der Zeit durch den wunderlichen Meister Hora offenbart wird? Momo wird auf ihrem Weg durch viele und zuweilen gefährliche Abenteuer unter anderem von einer besonders langsamen und uralten Schildkröte begleitet, einer Gefährtin ebenjenes alten Meisters, wie sich später im Buch heraustellt – und an ihr, an Kassiopeia, können wir uns ein Beispiel nehmen, wenn wir uns wieder einmal mit der sprichwörtlich hängenden Zunge und fliegenden Rockschößen an den Griff unseres Einkaufswagens klammern, damit wir am Ende eines Supermarktganges vor lauter Eile nicht aus der Kurve getragen werden.

Versuchen Sie doch beim nächsten Mal, im Rahmen eines kleinen Experiments, im wahrsten Sinne des Wortes einen Gang herunterzuschalten, und ahmen Sie die langsamen, bedächtigen Schritte Kassiopeias nach. Versuchen Sie für einen Augenblick, die Aufmerksamkeit auf das Empfinden Ihrer Fußsohlen zu richten, und werden Sie regelrecht zur Schildkröte, die im Zeitlupentempo einen sanften Schritt vor den anderen setzt.

»Ich betrachte die Schönheit einer Tomate.«

Beobachten Sie dabei Ihre armen, geplagten Füße, die Ihren Körper, nahezu unbemerkt von Ihnen, nun schon seit einer geraumen Zeit tagein, tagaus durch dieses Leben tragen. Gehen Sie nun langsam weiter, als wären Sie selbst Kassiopeia, die sich durch nichts und niemanden in Hast und Eile versetzen lässt. Immer schön langsam die Regalreihe entlang – Schritt für Schritt. Am Ende des Ganges angelangt, werden Sie vielleicht bemerken, dass sich Ihr Körper nicht mehr ganz so gestresst anfühlt wie noch eben vorn bei den Marmeladengläsern. Plötzlich wird auch Ihr Blick klarer für das, was um Sie herum geschieht. Der Tunnelblick, den Hektik und Stress in aller Regel mit in ihrem schweren Gepäck haben, ist weg. Jetzt können Sie nicht nur ein bisschen entspannter Ihre Runden durch den Laden drehen, sondern auch noch gezielter und bewusster einkaufen –
voilà!

»Über was habe ich mich heute gefreut?«

Reste machen kreativ

Zum Schluss dieses Kapitels, das ja im Grunde von der Fülle des Lebens an sich handelt, möchte ich Ihre nun bereits erwachte Achtsamkeit in Sachen Einkaufen und Kochen für eine Weile auf das Thema Resteverwertung lenken. Denn in welcher Fülle wir leben, könnten Außenstehende bereits rein theoretisch auch an unseren gigantischen Müllbergen erkennen. Sich darüber bewusst zu werden und infolgedessen vielleicht auch mal den eigenen Konsum etwas herunterzuschrauben, kann ein innerliches Gefühl der Fülle hervorrufen, das unabhängig von äußeren Umständen ist. Dazu gehört, rein kochtechnisch gesehen, eben auch die achtsame Verwertung von Resten in der Küche.

In dem kleinen Bistro, in dem ich regelmäßig arbeite – und auch in jeder Großküche, in die ich im Rahmen meiner Recherchen etwas hineinschnuppern durfte –, werden »Reste« ganz groß geschrieben. Das heißt im Klartext also, dass in erster Linie erst einmal versucht wird, wirklich alles zu verwerten, was es zu verwerten gibt. Auf diese Weise habe ich zum Beispiel gelernt, dass man Kohlrabiblätter, ganz fein geschnitten, wunderbar als Salatgewürz verwenden kann. In zweiter Linie lautet die oberste Devise in allen achtsamen Küchen dieser Welt: So wenig wie möglich wegwerfen, dann muss man auch nicht so viel einkaufen – was eindeutig dem Geldbeutel zugutekommt! Regelrechte Meister dieses Fachs des »Wiederverwertens« durfte ich in der Küche eines Meditationszentrums in Kalifornien kennenlernen, von dem im weiteren Verlauf dieses Buches noch mehrfach die Rede sein wird. Die Köche dort waren in Sachen Resteverwertung dermaßen aufeinander eingespielt, dass man nur ganz selten das Originalgericht vom Vortag erkennen und erschmecken konnte. Dies setzt natürlich neben guter Planung auch ein hohes Maß an spielerischer Kreativität voraus, der wir im Kapitel vom Kochen, Brodeln und Backen noch näher auf die Spur kommen werden. In Spirit Rock, so der Name des Zentrums, wurde nach jeder Mahlzeit – in der Regel wurde für an die hundert Menschen gekocht – das übrig gebliebene Essen in Plastikbehälter verpackt und mit einem Etikett über Inhalt und Zubereitungsdatum versehen. Diese Dosen und Container verschwanden dann in einem riesigen Kühlraum, um beizeiten wieder hervorgeholt zu werden. Bei Schichtwechsel – nach dem Mittagessen traten die Köche, die für das Abendessen zuständig waren, ihren Dienst an – standen alle mit einer Tasse Kaffee in den Händen an der langen Arbeitsplatte, die die Mitte der Küche dominierte, um über die Resteverwertung der nächsten Tage zu diskutieren. Dabei hatte jeder das gleiche Mitspracherecht, von der Küchenhilfe bis zum Chefkoch des Tages. »Ach, lass uns dies oder jenes mal ausprobieren!« Am nächsten Morgen zum Frühstück stand dann beispielsweise ein wunderbar süßer, auf der Zunge zerschmelzender Auflauf auf dem Büfett im Speisesaal, eine Kombination aus verschiedenen Getreidebreien der vergangenen Woche. Dazu wurde im Ofen gedünstetes Obst – alles übrigens Früchte, die nicht mehr für den normalen Verzehr, weil leicht angeschlagen oder überreif, geeignet waren – mit Zimt und Trockenfrüchten gereicht, ein wahres Gedicht!

REZEPT: Polenta-Frühstücksbrei mit gedünstetem Obst
Zubereitungszeit ca. 25 Minuten

Um es schon einmal vorwegzunehmen: Frühstücksbreie gibt es in allen erdenklichen Varianten. Sie können also statt Polenta auch Hirse, Haferflocken, Buchweizen, Dinkel oder sogar Quinoa verwenden. Meiner Erfahrung nach bewirkt solch ein Brei am Morgen nicht nur das Gefühl, danach wirklich satt zu sein, ohne sich schwer und voll zu fühlen, er erinnert das Unterbewusstsein wohl zudem noch an längst verloren geglaubte, frühkindliche Erfahrungen – vorausgesetzt man nimmt sich die Zeit und spürt während des Frühstücks genau hin. Warmer Brei im Bauch signalisiert Wohlbefinden, lässt Gefühle des Geborgenseins und des Genährtseins emporsteigen und erinnert uns so in der Tiefe unseres Herzens an Mutterliebe und Angenommensein. Große Worte, mögen Sie nun vielleicht denken, handelt es sich doch »nur« um ordinären Frühstücksbrei, doch versuchen Sie beim nächsten Frühstück mal genau hinzuspüren und zu schmecken, Sie werden überrascht sein.

Für das gedünstete Obst:
1 bis 2 EL Butter – wahlweise Ghee (indisches Butterschmalz)
1 Zimtstange

Obst Ihrer Wahl (2 Varianten)
3 bis 4 entsteinte Zwetschgen
2 bis 3 Äpfel, ungeschält, vom Kerngehäuse befreit und in Scheiben oder Ringe geschnitten
4 getrocknete Feigen, über Nacht in Wasser eingelegt
oder 2 bis 3 Birnen, vom Kerngehäuse befreit und in Scheiben geschnitten
2 Orangen, geschält und filetiert
4 getrocknete Pflaumen, über Nacht in Wasser eingelegt
2 bis 3 EL Apfelsaft – wahlweise Orangensaft
evtl. 1 bis 2 Spritzer Zitronensaft

Für den Brei:
ca. 500 ml Wasser
ca. 500 ml Milch
250 g Maisgrieß
1 bis 2 EL Butter
2 EL Kokosflocken
1 kleine Prise Salz
evtl. Honig zum Nachsüßen – wahlweise Agavendicksaft oder Ahornsirup

Für das gedünstete Obst Butter in einer Pfanne erhitzen. Obst und Zimtstange zugeben und bei mittlerer Hitze unter gelegentlichem Rühren ca. 5 Minuten dünsten.

Apfelsaft zugeben und weitere 3 bis 5 Minuten auf kleiner Flamme köcheln.

Mit Zitronensaft abschmecken.

Für den Polentabrei Wasser und Milch in einen Topf geben, zusammen aufkochen lassen. Polenta unter ständigem Umrühren mit einem Holzkochlöffel langsam einstreuen.

Ist der Brei eingedickt, werden Butter, Kokosflocken und Salz untergemischt.

Je nach Geschmack mit etwas Honig oder einem anderen Süßungsmittel abschmecken.

Den Polentabrei in Frühstücksschalen verteilen und mit dem gedünsteten Obst anrichten.

Schälen, Schneiden, Rühren –

vom achtsamen Umgang mit

Messer, Löffel und Co.

»Let the Cooks perform their dance!« KÜCHENLEITSPRUCH IM MEDITATIONSZENTRUM SPIRIT ROCK, KALIFORNIEN

Der Tanz des Kochs

In einem Steakrestaurant in Los Angeles, wie es sie in Amerika wohl zuhauf gibt, hatte der Koch die Stelle – im Küchenjargon spricht man von »Posten« – hinter dem Grill inne, die sehr präsent mitten Raum hinter einer Art Tresen positioniert war. Die Arbeit dieses Mannes umfasste das Zubereiten der Steaks, meist brutzelten an die zwölf Stück Fleisch gleichzeitig auf dem großen Rost, die er dann auf den Tellern anrichtete. Daneben nahm er schmutzige Teller an, die von den Kellnern auf dem Tresen gestapelt wurden, schnitt Kartoffeln klein, um sie anschließend zu braten, und bildete überhaupt die zentrale Figur im gesamten Arbeitsablauf dieses Restaurants. Dabei blieb unser Koch in den schlimmsten Stoßzeiten stets ruhig und vollkommen gelassen.

Es gab tatsächlich einige Gäste, die nicht nur wegen des guten Essens in das Restaurant kamen, sondern, um diesem Mann beim Arbeiten zuzusehen. In all der Hektik an seinem stressigen Arbeitsplatz konnte man beobachten, dass keine Anspannung sein Gesicht verzerrte. Seine Bewegungen waren immer fließend und wirkten wie ein Tanz, der zusammen mit den Handgriffen der Kellner, Spüler und Hilfskräfte, die ihm zuarbeiteten, eine wunderbare Choreografie bildeten. Es war regelrecht sichtbar, dass diesem Koch jede Bewegung, die er ausführte, bewusst war und dass er sie tief in seinem Innersten spürte und regelrecht genoss. Er machte seine Arbeit nicht stupide vor sich hin, vielleicht weit weg mit seinen Gedanken, sondern reagierte aus seinem Herzen heraus auf das, was gerade zu tun war. Dabei wirkte sein Geist wach und offen und sein Körper strahlte geradezu vor Energie und Anmut.

In seiner Art zu sein war ein Geheimnis verborgen. Was braucht es, um sich so dem Fluss des Lebens, der bei vielen von uns ja auch über lange Jahre hinweg hauptsächlich aus Arbeit besteht, hingeben zu können?

Die Antwort ist uns bekannt, denn als Kinder konnten wir das ganz selbstverständlich. Erinnern wir uns nicht alle an diese verzauberten Stunden unserer Kindertage, in denen wir versunken waren in unser Spiel, die ganze Welt um uns herum vergessend? Diesen Zauber zu bewahren ist zwar eine Kunst, die etwas liebevollen Aufwand und auch Geduld erfordert, aber es ist möglich.

Das Herz kocht mit

Waz Thomas, wie sein Vorgänger in diesem Kapitel ebenfalls Kalifornier, der in einem außergewöhnlichen Zentrum für Heilung und Frieden – um es salopp zu formulieren – hoch über der Küste des Pazifiks unter anderem Meditation und Yoga lehrt, erzählte mir in seinem von kreativem Chaos gezeichneten Büro von einem Projekt, das eben dort, in Commonweal, ins Leben gerufen wurde. Regelmäßig finden sich demnach Kinder unter der Leitung eines Profikochs zusammen, um kochen zu lernen. Die Gerichte, die sie alle gemeinsam zubereiten, werden mittags dann hauptsächlich Menschen serviert, die an Krebs erkrankt sind und dort mehrtägige Kurse und spezielle Einkehrtage machen, um sich ihrem Körper neu anzunähern.

Die spielerische Freude der Kinder, die sich ganz natürlich dem Kochen und Backen hingeben, überträgt sich auf alle Mahlzeiten und letztendlich dann auf diejenigen, die das Essen zu sich nehmen. Ein wunderbarer Gedanke, nicht wahr? »Und zu guter Letzt«, erzählte mir Waz mit glänzenden Augen, »lernen die Kinder bereits im frühesten Alter, Mitgefühl und Herzenswärme für andere, aber auch für sich selbst zu entwickeln. Denn die entspannte und fröhliche Herangehensweise ans Kochen und Backen in diesen Kursen erlaubt den Kindern, auch Fehler zu machen, ohne dafür verurteilt zu werden.«

Kochen macht einfach nur Spaß – und die Gäste drücken auch mal ein Auge zu, wenn die Käseschicht des Nudelauflaufs verbrannt ist oder zu viel Pfeffer die Kürbissuppe zu einem Erlebnis der besonderen Art macht. In ihrer Küche hängt folgender Leitspruch: »Der kranke Mensch wird genau so angenommen und respektiert, wie er im Moment ist.« Als oberste Priorität für die gesamte Küchencrew gilt demnach, dass beispielsweise jeder Nahrungsmittelunverträglichkeit, die solch eine schwere Krankheit mit sich bringen kann, mit viel Liebe und Einfühlungsvermögen begegnet wird. Wenn es sein muss, dann wird eben für jeden Gast eine Extramahlzeit zubereitet.

Auf Selbstbeobachtungsposten

Wahrscheinlich hatten wir alle nicht das Glück, schon in jungen Jahren zu einem dieser Kochkurse an der amerikanischen Pazifikküste geschickt zu werden. Wo fangen wir also an, Mitgefühl und Herzenswärme zu kultivieren? Ich würde vorschlagen, mit dem Naheliegendsten: mit uns selbst.

Haben Sie sich z. B. schon einmal Gedanken darüber gemacht, wie nett Sie mit sich und Ihrem Körper in der Küche umgehen? Sind der Akt des Kochens und die Mühe des anschließenden Saubermachens für Sie nur Tätigkeiten, die erledigt werden müssen – mehr oder weniger lästig? Erlauben Sie sich gewisse Annehmlichkeiten in Ihrer Küche? Wie ist es zum Beispiel mit der Höhe Ihrer Arbeitsflächen bestellt? Krümmen Sie sich etwa tagein, tagaus über Schneidebrett und Gurkenhobel? Wie gut schneiden Ihre Messer – und haben Sie überhaupt schon einmal die Freuden eines wirklich scharfen Messers kennengelernt, das von Ihnen gepflegt und betreut werden möchte, fast wie ein Lebewesen, um dann zart und elegant durch Karotten oder Salami zu gleiten wie durch weiche, seidige Butter.

Achtsamkeit bedeutet, dass man den Fokus, also die Aufmerksamkeit nicht nur auf sein Tun – Schneiden, Schälen, Rühren –, sondern auf seine Gefühle, die damit einhergehen, richtet. Das heißt in der alltäglichen, manchmal vielleicht banalen Küchenrealität nicht, dass Sie sich wie ein Psychologe selbst permanent analysieren, sondern dass Sie z. B. den Ärger, der schon jahrelang in Ihrem Bauch grummelt, nämlich immer dann, wenn Sie sich mit steifem Kreuz von Ihrer viel zu niedrigen Arbeitsfläche ächzend aufrichten müssen, endlich ernst nehmen und die Initiative ergreifen. Vielleicht erst einmal provisorisch mit einem erhöhten Schneidebrett, das es überall zu kaufen gibt, später kann immer noch der Schreiner ins Haus bestellt werden, um Maß zu nehmen. So praktiziert man aktives Mitgefühl mit sich selbst – ganz easy!

Sind die Messer erst einmal geschliffen und stehen wir endlich am frisch aufgebockten Arbeitstisch, dann gilt es noch mehr zu entdecken, was im unbewusst heruntergespulten Küchenalltag eher selten von uns bemerkt wird. In der Regel läuft unser Arbeitspensum mehr oder weniger automatisch ab, als würden wir beim Betreten der Küche einen Autopiloten einschalten, der für uns das Flugzeug über eine Strecke hinweg lenkt, die wir eh tagein, tagaus mehrmals auf und ab fliegen: Zwiebeln schneiden, Gemüse putzen, Soße umrühren, Nudeln abgießen etc. Sobald dieser Autopilot die Führung übernommen hat, haben wir Zeit, uns Gedanken über unsere Zukunft zu machen, vor uns hin zu träumen oder unsere Sorgen herauszukramen. Vielleicht hadern wir gerade auch mit unserem Schicksal oder es ziehen längst vergangene Glücksmomente an unserem inneren Auge vorbei. All das schwappt durch unser Gehirn, während unsere Hände, von uns kaum beachtet, emsig schnippeln und unser Körper seinen ureigenen Tanz der Köche tanzt. Aber hoppla, im Grunde entgeht uns da doch soeben eine wunderbare und seltene Performance, weil unser Kopf buchstäblich in den Wolken steckt, um Fantasieschlösser zu bauen. Ganz abgesehen davon, dass wir uns sehr leicht verletzen können, wenn wir nicht ganz bei der Sache sind, verpassen wir also just in diesem Moment unser eigentliches Tun, nämlich die Essenszubereitung.

Also zurück zum wahren Geschehen. Was schneidet eigentlich Ihr Messer, das vielleicht schwer im Handteller liegt, da gerade? Oder stehen Sie bereits am Herd und rühren in einer wunderbar duftenden Bratensoße? Wohin tragen Ihre Füße und Beine Sie denn als Nächstes? Aha, zum Kühlschrank! Kühlschranktüre auf und frische Kälte streift das vom Kochen erhitzte Gesicht. Fühlt sich angenehm an! Die nimmermüden Hände kramen schon in der hintersten Ecke nach der benötigten Zutat. Jetzt weiter zur Küchenschublade – die Schöpfkelle hat sich wohl ein bisschen verhakt, wie ärgerlich! Schlagartig steigt ein Hauch flammender Hitze im Körper auf. Endlich freigerüttelt, entspannen sich die Schultern gleich wieder. Wenn Sie das nächste Mal in Ihrer Küche zu tun haben, probieren Sie dieses spielerische Beobachten Ihres Körpers und Ihres Tuns doch einfach mal aus. Es ist erstaunlich, was man dabei alles entdecken kann, beispielsweise wie enorm wichtig unsere Hände in dem ganzen Kochablauf sind. Und ganz nebenbei trainieren Sie auch noch Ihre Aufmerksamkeit, sprich Konzentration, und die schon vielfach erwähnte Achtsamkeit. Dies alles hat zur Folge, dass Sie ruhiger, gelassener und zufriedener durch Ihren Küchenalltag gehen, ein optimaler Nährboden für Glück und Freude.

»Ich betrachte mich selbst mit liebevollen Augen.«

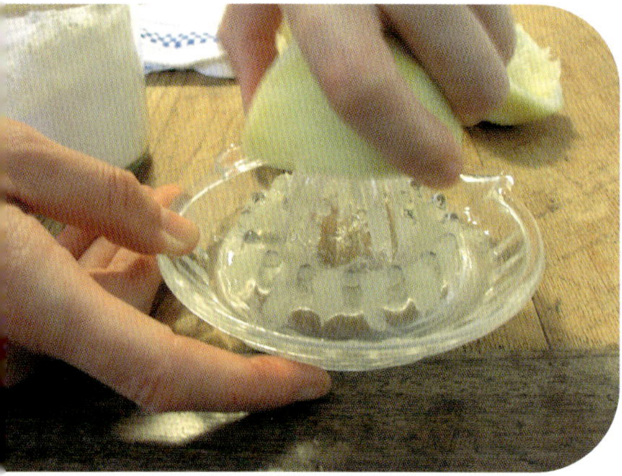

Übung
Meine Hände

Mitgefühl und Herzenswärme wird in vielen Kulturen rund um diesen Erdball am natürlichsten durch die Geste des Gebens ausgedrückt. Für dieses Geben sind naturgemäß oft unsere Hände zuständig. Außerdem ist so gut wie jede Arbeit ohne die beiden undenkbar. Übertragen auf unseren Küchenalltag, schneiden, rühren und servieren wir mit ihrer Hilfe, ohne uns dessen meist wirklich bewusst zu sein. Deshalb wollen wir nun wieder ein feineres Gespür für diese beiden Wunderwerke der Natur, die das Ende unserer Arme bilden, entwickeln.

→ Nehmen Sie sich nun ein paar Minuten Auszeit vom Alltag. Suchen Sie sich ein bequemes Plätzchen zum Verweilen. Vielleicht möchten Sie sich in Ihren Lieblingssessel setzen oder sich sogar lang ausstrecken – alles ist erlaubt!
→ Atmen Sie mehrmals tief ein und aus und versuchen Sie, sich zu entspannen. Nun heben Sie Ihre beiden Hände hoch, um sie eingehend zu betrachten.
→ Wann haben Sie zum letzten Mal bewusst auf Ihre Hände geschaut?
→ Geschieht dies heute vielleicht zum ersten Mal? Drehen und wenden Sie Ihre Handflächen und bewegen Sie Ihre Finger, wenn Sie möchten. Vor Ihren Augen spielt sich gerade ein Wunder der Natur ab, ein Wunder an Präzision und Schönheit.
→ Wie sehen Ihre Hände aus?
→ Sind sie von täglicher harter Arbeit rau und sehnig geworden oder wirken sie weich und gepflegt? Machen Sie sich bewusst, dass Ihre Hände tagein und tagaus für Sie da sind. Die beiden arbeiten unermüdlich für uns – Tausende von Handgriffen, viele davon, ohne von uns überhaupt beachtet zu werden.
→ Versuchen Sie nun, ein Gespür dafür zu bekommen, wie tief Sie mit Ihren Händen verbunden sind. Wie würde ein Leben ohne die beiden aussehen?
→ Können Sie sich vorstellen, Ihren Händen Dankeschön zu sagen?
→ Sprechen Sie ein kleines Dankeschön.

Ich selbst zum Beispiel liebe es, wenn ein Gentleman mir einen sanften Kuss auf den Handrücken haucht. Leider gehört diese Spezies der Kavaliere zu den aussterbenden Modellen der menschlichen Gattung. Seit ich vermehrt auf meiner Hände Tun achte, habe ich damit begonnen, sie ab und zu mit einem Kuss zu beschenken – meist völlig spontan. Ich bilde mir ein, es tut ihnen gut; jedenfalls durchströmt mich dann ein Gefühl von Liebe, ein Gefühl von Dankbarkeit zu diesen beiden Weggefährten, die so untrennbar mit mir und dem Rest des Körpers verbunden sind. Sie haben meine Wertschätzung wahrlich verdient!

Von der Liebe zu den Dingen

Eines Abends, ich war müde und erschöpft von der Arbeit nach Hause gekommen, schaltete ich den Fernseher an, um mich nach der Hektik des Tages noch etwas berieseln zu lassen. Ich flog mithilfe der Fernbedienung nur so durch die Kanäle, ohne auch nur länger als ein paar Sekunden bei einem der Programme zu verweilen. Doch plötzlich blickten mich großformatig, das ganze Bild meiner kleinen tragbaren Flimmerkiste ausfüllend, die dunklen, wachen Augen eines Asiaten aus einem alten und zerfurchten Gesicht direkt an – und ich blieb im wahrsten Sinne des Wortes gebannt hängen. Die Lebensgeschichte bzw. die Geschichte des Berufslebens dieses Japaners – wie schnell zu erfahren war – ist mir bis heute im Gedächtnis und vor allem im Herzen geblieben und hat meine Arbeit in der Küche nachhaltig geprägt.

Da mir sein wirklicher Name leider entfallen ist, nenne ich ihn im Folgenden Herrn Yamano. Für die Namensfindung habe ich einen Freund japanischer Abstammung zu Rate gezogen, damit die ganze Geschichte authentisch bleibt. In dem Namen Yamano verbirgt sich der Begriff »Berg« und da die Kochkunst dieses Mannes einen wahrlich auf den Gipfel der Genüsse heben kann, haben wir uns gemeinsam dafür entschieden.

Besagter Herr Yamano lebt und arbeitet, mit über achtzig Jahren hochbetagt, in einer geschäftigen Straße der Millionenstadt Tokio. In dieser Straße reiht sich ein exquisites Sushi-Restaurant an das andere und mittendrin betreibt er seinen eigenen kleinen und recht bescheidenen Sushi-Laden. So steht er also jeden Tag hinter einem schlichten, weiß gekachelten Tresen, lediglich unterstützt von seinen beiden Gehilfen und zwei schüchtern dreinblickenden Lehrlingen, und verkauft seine frisch zubereiteten Sushi-Kreationen.

Herrn Yamanos »Fischröllchen« sind bis weit über Tokios Stadtgrenzen hinaus berühmt und suchen, will man einschlägigen Gourmets Glauben schenken, sogar japanweit ihresgleichen. Dabei verwendet unser guter Herr Yamano exakt die gleiche, extrem frische Ware vom nahe gelegenen Fischgroßmarkt wie seine Nachbarn.

Vor laufender Kamera nach dem Geheimnis seines Erfolgs befragt, beginnen die Augen des Meisters regelrecht zu strahlen und der Gehilfe, der am Rande des Bildes geschäftig werkelt, hebt kurz den Kopf und lächelt wissend. Nun, das sei eine Frage der Liebe, spricht der alte Herr bescheiden und mit leiser Stimme, der

Liebe zu seinem Handwerkszeug, den Messern; sie seien in einer Sushi-Küche die wichtigsten Utensilien. Und nun, einmal in Fahrt gekommen, erzählt der Meister von dieser – neben seiner Frau, versteht sich! – großen, ja fast schon lebenslangen Liebesgeschichte. Immer wieder streicht er während des Redens zärtlich mit seinen Fingern über die eine oder andere mit Sicherheit rasiermesserscharfe Klinge und erzählt dabei, dass seine Lehrlinge erst nach über einem Jahr Lehrzeit überhaupt eines dieser Messer in die Hand nehmen dürften – vom damit Schneiden und Arbeiten kann aber auch dann noch lange nicht die Rede sein! Erst einmal müsse man doch ein Gefühl in der Hand für das Messer entwickeln: Wie liegt es in der Handfläche? Was für einen Bezug kann ich zu ihm entwickeln? Bilden Hand und Messergriff eine Einheit? Und dann erst die Klinge ...

»Wie schmeckt das Essen, wenn ich mit Liebe koche?«

Des Meisters vorher so zarte Stimme wird lauter und leidenschaftlicher. Jahrzehntelang hat er sich mit den unterschiedlichsten Klingen beschäftigt und herausgefunden, dass verschiedene Lebensmittel, in seinem Fall meist frischer Fisch, nach unterschiedlichen Klingen – diverse Materialien und verschiedene Schärfegrade spielen da eben eine große Rolle, betont er – regelrecht verlangen. Also begann er zu studieren, welcher Fisch welches Messer benötigt, um seinen optimalen und vollen Geschmack zu entfalten; und auch wie das Filet geschnitten werden möchte, um später dann im Mund des Gastes schier wie ein Geschmacksfeuerwerk explodieren zu können. Im Zuge dieser Schneidetechniken würden vor allem die Faserung des Fischfleisches und noch etliche andere Geheimnisse, die Herr Yamano weise für sich behält, berücksichtigt.

Zwei Jahre lang beschäftigen sich die Auszubildenden in seinem Betrieb nur mit seinen geliebten Messerklingen. Sie lernen erst die unterschiedlichsten Materialien, aus denen Messer geschmiedet werden, und danach das Schleifen und Schärfen der Klingen kennen – achtsam und liebevoll, als wären die Messer zerbrechlich wie feinstes Porzellan. Bis sie zum ersten Mal ran an den Fisch dürfen, sind in Meister Yamanos Sushi-Küche meist drei Jahre ins Land der aufgehen-

den Sonne gegangen. Doch die strenge Lehrzeit lohnt sich, denn die hohe Kunst dieser sehr speziellen Liebe wird wohl sonst nirgendwo mehr gelehrt.
Sicherlich kennen Sie das Phänomen:
Sobald die Aufmerksamkeit für etwas geweckt wurde, entdeckt man es immer wieder. Vor einiger Zeit hatte ich das Glück, einen der begehrten Plätze in einem Kochseminars des bekannten amerikanischen Zenkochs Edward Espe Brown zu ergattern. Als Ed in der Küche des Seminarhauses sein Messerset mit einer Behutsamkeit auspackte, als würde er einem kleinen Baby vorsichtig die Windeln wechseln wollen, war mir sofort klar, dass ich meinen persönlichen Herrn Yamano gefunden hatte.
Zunächst mag es etwas eigenartig klingen, dass wir unsere Messer und vielleicht auch noch alle anderen Küchenutensilien, mit denen wir täglich arbeiten, liebevoll ins Herz schließen sollen. Spinnen wir diesen Gedanken dann vielleicht noch weiter und stellen uns vor, auch andere Alltags- und Arbeitsgegenstände zu lieben, wie unser eigen Fleisch und Blut, dann fühlt sich das doch recht seltsam an, oder?

Unsere Kollegen im Büro würden mit ziemlicher Sicherheit eher befremdet dreinschauen, wenn wir in einem Anflug aufkeimender Liebe plötzlich unseren Computer küssen würden. Doch darum geht es natürlich nicht, sondern unser Bewusstsein für das zu schärfen, was wir täglich in den Händen halten; die Liebe stellt sich dann ganz von allein ein.
Normalerweise setzen wir uns mit unserem Werkzeug – sei es der Kochlöffel oder auch nur ein simpler Kugelschreiber – nicht wirklich auseinander, es ist in der Regel einfach da, um benutzt zu werden.
In früheren Zeiten achteten die Menschen auf ihre Werkzeuge sehr genau und behandelten sie entsprechend sorgfältig. Und noch heute reisen beispielsweise fahrende Zimmermänner mit ihren eigenen Werkzeugen, die sie hüten wie ihren Augapfel, durchs Land.
In den Küchen, in denen ich bisher gearbeitet habe, ist es geradezu ein Muss, stets sein eigenes Messerset zu benutzen, das gehegt und gepflegt wird wie ein kostbarer Schatz, der nach getaner Arbeit sogar manchmal wieder mit nach Hause genommen wird. Ich spreche da auch aus eigener Erfahrung: Wehe, jemand anderes in der Küche greift versehentlich nach meinem Gemüsemesser; da hört sich der Spaß auf, das kann ich Ihnen versichern.

Tante Fanny pellt Kartoffeln

Als ich noch ein kleines Mädchen war, besuchte ich öfters meine alte Großtante Fanny in ihrem Haus, das nur durch einen Bachlauf von dem Anwesen meiner Großeltern getrennt war. Wann immer ich zu Besuch bei Omi und Opa war, lief ich über das schmale Brett auf die andere Uferseite, um bei Tante Fanny vorbeizuschauen, die damals schon eine hochbetagte alte Dame gewesen ist. Das Leben hatte es nicht gut gemeint mit ihr. Erst hatte sie im Krieg ihren Mann verloren, dann verunglückte der jüngere ihrer beiden Söhne schwer bei einem Skiunfall, an dessen Folgen er ein paar Jahre später letztendlich auch verstarb, und zwei Jahrzehnte später kam der Ältere bei einem tragischen Arbeitsunfall ums Leben. Doch Tante Fanny strahlte trotz dieser Schicksalsschläge eine unglaubliche Gelassenheit aus, die fast an Demut grenzte. Als ich älter wurde und meine Großtante längst zu Grabe getragen war, erzählte mir meine Mutter, dass Fanny eine tiefgläubige Frau gewesen sei, die immer zuversichtlich daran geglaubt hatte, dass alles in ihrem Leben von Gott vorherbestimmt war und demzufolge auch seine Richtigkeit hatte. Meine intensivste Erinnerung an diese stets freundliche, kleine gebeugte Frau mit dem fein gewebten Netz aus Falten und Runzeln im Gesicht war jedoch nicht allein ihre Gottesfrömmigkeit, die um sie herum wie eine Art Aura immer spürbar war, sondern vor allem schlicht die Art, wie sie zum Beispiel gekochte Kartoffeln pellte. Dabei ging sie so sorgfältig und langsam vor, dass an den Innenseiten der braunen Schalen kaum ein Fitzelchen vom Kartoffelfleisch hängen blieb. Diese Sparsamkeit und die daraus hervorgehende Sorgfalt erklärte sich Tante Fanny selbst, was zutiefst naheliegend ist, mit ihren schrecklichen Erlebnissen während der Kriegsjahre, wo nicht nur sie, wie wir alle wissen, oft schrecklichen Hunger hatte leiden müssen. Doch ich sah, wenn ich in der altmodischen Küche neben ihr saß und dabei zuschaute, wie eine gepellte Kartoffel nach der anderen in eine vorgewärmte Schüssel wanderte, noch etwas Feineres in ihrem Tun, und zwar in ihrer Umgangsweise mit dem Gemüse.

Damals konnte ich natürlich noch nicht benennen, was ich da genau beobachtete, doch nahm ich wohl schon als kleines Mädchen intuitiv wahr, dass sich meine Tante Fanny mit der gleichen Liebe und einem tiefen Respekt für das, was sie da in Händen hielt, um die Kartoffeln kümmerte wie zum Beispiel um mich, wenn ich sie besuchte. Sie wurde auch nie müde zu betonen, dass die Kartoffel ja für uns

Menschen in der Erde wuchs, um uns satt zu machen, und dass wir ihr im Gegenzug eine große Freude machen können, wenn wir so wenig wie möglich von ihr verschwenden.

REZEPT: Pellkartoffeln mit selbst gemachter Kräuter-Blüten-Butter
Zubereitungszeit ca. 35 bis 45 Minuten, inkl. ca. 15 Minuten Kühlstellen der Butter

In Anlehnung an die Kartoffelschälerfahrungen meiner Tante Fanny habe ich ein denkbar einfaches Rezept im direkten Anschluss an diese kleine Geschichte gewählt. So können Sie es der lieben Fanny gleichtun und sich bewusst ans Pellen der Kartoffeln machen. Das macht nicht nur im Kreise der Familie oder unter Freunden großen Spaß, ein leckeres Gericht ist es zudem! In Zeiten von Haute Cuisine und Fernsehkochshows, in denen sich die Protagonisten mit den ausgefallensten Kreationen gegenseitig zu übertreffen versuchen, können schlichte Pellkartoffeln mit frischer Kräuterbutter eine wunderbare Offenbarung für einen gelegentlich überstrapazierten Gaumen und eine Wohltat für den Magen sein.

Für die Butter:
125 g Butter, Zimmertemperatur
je 1/2 Bund Dill, Schnittlauch und Kerbel – wahlweise andere Kräuter, wie frischer, junger Löwenzahn, Borretsch, Petersilie oder Estragon – gewaschen und fein gehackt, Schnittlauch, in feine Röllchen geschnitten
ca. 1 EL frische Thymianblätter
ca. 1 bis 2 EL kleine Gänseblümchenblüten, gewaschen und anschließend trocken getupft
Schale von 1/2 unbehandelten Zitrone, fein gerieben
Salz und Pfeffer

Für die Pellkartoffeln:
ca. 1,5 kg mehlige Kartoffeln, gewaschen und ungeschält – pro Person werden in der Regel ca. 3 bis 4 mittelgroße Kartoffeln gerechnet

Die Butter mit allen Kräutern, den Gänseblümchen und der Zitronenschale in eine Schüssel geben und mit einer Gabel kräftig durchmischen und verkneten. Mit Salz und Pfeffer gut abschmecken.
Wenn Sie möchten, dann können Sie nun die Butter zu einer kleinen Rolle formen, das sieht hübsch aus und lässt sich leichter portionieren. Dann die Kräuterbutter mit Klarsichtfolie abdecken und für ca.

15 Minuten in den Kühlschrank stellen, damit die Butter schnittfest wird. Kartoffeln in einen großen Topf mit Wasser geben und zum Kochen bringen. Oder Sie geben die Kartoffeln in einen Topf mit Siebeinsatz, wo sie über wenig kochendem Wasser gegart werden. Nach ca. 35 bis 45 Minuten, je nach Größe, die Pellkartoffeln abgießen bzw. aus dem Dampfeinsatz nehmen und noch heiß mit der Kräuter-Blüten-Butter servieren.

Viele Jahre später, als meine Tante Fanny schon längst ihre letzte Ruhestätte neben ihren beiden Söhnen gefunden hatte, erinnerte mich Edward Espe Browns Art des Schälens und Schneidens von Gemüse und überhaupt sein Umgang allen anderen Lebensmitteln wieder an die gute alte Fanny. Mit exakt der gleichen Hingabe und Liebe schnitt sich Ed mithilfe seiner Schüler eine Woche lang durch Berge von Gemüse und Obst. Dabei gingen wir, unter seiner Anleitung, mit einer solchen Sorgfalt vor, dass wir kaum Abfall für die Biotonne produzierten. Noch heute profitiere ich in meiner Arbeit als Köchin von diesen Lehrmeistern, die nach außen hin nicht hätten unterschiedlicher sein können – der eine quirlig und immer in Bewegung, die andere still und oft in sich gekehrt –, beide aber durch eine tiefe Liebe zum Leben miteinander verbunden.

Übung
Eine Möhre schälen

In Zenklöstern hat die Rolle des Kochs einen hohen Stellenwert; er kommt in der Rangfolge gleich nach dem Abt. Ein Mönch, der später einmal leitender Koch in der Klosterküche werden möchte, sollte im Laufe seines klösterlichen Lebens einen hohen Grad an Wachheit, sprich Bewusstheit und Achtsamkeit, erlangt haben, erst dann darf er im Herzstück eines jeden Klosters, der Küche, den Kochlöffel für seine Mitbrüder schwingen. Seine ganze Aufmerksamkeit, sein Gewahrsein, aber auch seine Weisheit und sein Wissen um das Leben und dessen Gesetzmäßigkeiten sollen in die Nahrung, die er zubereitet, mit einfließen, damit diese dann die Mönche auf ihren inneren, meditativen Wegen unterstützen kann.

Über die »Kunst, achtsam eine Möhre zu schälen« ist in Zenkreisen schon einiges geschrieben worden. Doch wir wollen es uns nicht kompliziert machen, sondern einfach nur beherzt und neugierig zur Möhre greifen. Sie können natürlich auch Kartoffeln oder Spargel schälen, wenn Sie keine Karotten zur Hand haben, Hauptsache, das Gemüse ist schälbar.

- Bereiten Sie zunächst Ihre Arbeitsfläche vor: Legen Sie sich ein Arbeitsbrett, das Gemüse – wir bleiben im Folgenden bei den Möhren –, einen Gemüseschäler, ein Messer und eine Schüssel für die geschnittenen Möhren zurecht. Sie mögen jetzt vielleicht denken, dass das Bereitlegen dieser Dinge doch selbstverständlich sei, schließlich machen Sie das tagtäglich mehrmals. Doch die Idee dahinter ist, dass Sie bereits das Vorbereiten Ihres Arbeitsplatzes bewusst und aufmerksam vollziehen. Sie stimmen sich quasi auf die nun folgende Tätigkeit mental ein – und sei es eben »nur« auf das Schälen einer Möhre.
- Nun nehmen Sie die erste Möhre in Ihre Hand. Versuchen Sie zu fühlen, wie das Wurzelgemüse Ihre Handinnenfläche berührt. Wie fühlt sich das an?
- Spüren Sie das Gewicht der kleinen Rübe?
- Schließen Sie Ihre Finger um die Möhre und streichen Sie dann mit den Fingerkuppen über deren Oberfläche. Schnuppern Sie daran. Ruft der frische, krautig-erdige Duft Erinnerungen in Ihnen wach?
- Läuft Ihnen gar das Wasser im Mund zusammen?
- Legen Sie jetzt die Möhre vor sich auf das Arbeitsbrett, betrachten Sie sie noch einmal in ihrer ganzen Schönheit. Dann beginnen Sie mit der Tätigkeit, die Sie bestimmt schon hundertmal in Ihrem Leben vollzogen haben, nur dieses Mal werden Sie, vielleicht zum allerersten Mal, ganz bei Ihrer Möhre sein. Durch das bewusste Wahrnehmen im Vorhinein haben wir uns regelrecht auf die Möhre »eingeschwungen«. Wenn jetzt alles optimal läuft, dann können Sie die Möhre – oder was auch immer – einfach nur schälen und Ihr Tun dabei auch noch genießen, ohne störende Nebengedanken, ohne Tagträumereien, ohne Stress und Hektik.
- Freilich: Übung macht den Meister! Wir werden immer wieder abschweifen mit unseren Gedanken und unsere Hände automatisch das tun lassen, was sie tun sollen – das können die beiden wirklich super, nachdem sie jahrelang von uns auf Autopilot geschaltet wurden. Doch versuchen Sie heute so oft wie möglich zum eigentlichen Tun mit Ihrer Aufmerksamkeit zurückzukehren.
- Apropos, unsere Möhre wartet ja immer noch darauf, von uns geschält und danach vielleicht in Stückchen geschnitten zu werden (im nachstehenden Rezept können Sie übrigens die Früchte der Arbeit dann auch gleich verwerten).
- Denken Sie daran, dass es nur darum geht, so aufmerksam wie möglich bei dem zu sein, was gerade ist, in unserem Falle also beim Möhrenschälen.

⇢ Versuchen Sie zu erspüren, wie Ihr Schäler sich durch den minimalen Widerstand, den die Haut der Möhre bietet, schneidet. Ich habe festgestellt, dass sich Möhren am besten und effektivsten schälen lassen, wenn ihre Spitzen die Arbeitsfläche berühren; das obere Ende wird mit den Fingern gehalten. Sie lassen sich dann wunderbar von oben nach unten hin bearbeiten.

⇢ Riechen Sie, wie sich der intensive Duft, den wir vielleicht vorher schon leicht erschnuppert haben, freisetzt, wenn die dünnen Schalenstreifen beginnen sich von der Möhre zu lösen?

⇢ Vielleicht möchten Sie bei der nächsten Möhre mit Ihrer Geschwindigkeit experimentieren. Wie fühlt es sich an, wenn man gaaaanz langsam schält? Und dann später wieder so schnell, dass die Schalen nur so fliegen?

Alte Muster erkennen

Wenn ich Letzteres mache, dann steigt in mir immer so eine kindliche Freude aus den Tiefen meines Bauches auf, wie Sektperlen im Flaschenhals einer gerade geöffneten Flasche. Ich durfte nämlich als Kind nur selten mit meiner Mutter kochen, weil der herumfliegende Abfall sie in ihrer blitzeblanken Küche störte.

Es gehört zum Bewussterwerden dazu, dass wir immer wieder auf Einschränkungen und Reglementierungen aus unserer Kindheit stoßen, und es ist eine wahre Freude, uns nun genau all dies zu erlauben – fliegende Möhrenschalen, und dann auch noch mit meiner vollen Aufmerksamkeit und Achtsamkeit geschält, sind einfach etwas Herrliches!

Sie sehen, schon beim Möhrenschälen sind der Kreativität keine Grenzen gesetzt. Und nebenbei können sogar noch so angenehme Gefühle wie Zufriedenheit, Ruhe und manchmal sogar Glück und Freude entstehen – Hauptsache, Sie bleiben bei der Sache.

Mit dem anschließenden Schneiden des Gemüses dürfen Sie natürlich genauso verfahren – aber das muss ich Ihnen nach dieser Übung wohl nicht extra nahelegen.

REZEPT: Karottenrohkost mit getrockneten Pflaumen, frischen Orangen und Nüssen

Zubereitungszeit ca. 20 Minuten

Dieser Rohkostsalat ist in unserem Bistro schon seit Jahren der Renner. Das süße Aroma der Möhren harmoniert wunderbar mit den getrockneten Pflaumen, die im Mund an den unwiderstehlichen Schmelz von Karamell erinnern. Diese poetischen Worte sind leider nicht meiner Feder entsprungen, sondern stammen von einem unserer Stammgäste. Zitronensäure und der frische Geschmack von Orangen runden das Ganze zu einer perfekten und nahezu himmlischen Komposition ab.

Für den Salat:

- ca. 8 mittelgroße Möhren, geschält und geraspelt
- ca. 8 bis 10 Stück getrocknete Pflaumen, in Stückchen geschnitten
- 2 Orangen, geschält und filetiert
- 2 EL Walnüsse, gehackt – wahlweise 2 EL Mandelblättchen oder 1 bis 2 EL geröstete Sonnenblumenkerne
- Schale von 1/2 unbehandelten Zitrone, in feine Streifen (Zesten) geschnitten

Für das Dressing:
ca. 100 ml Sonnenblumenöl – wahlweise Olivenöl
ca. 1 EL Agavendicksaft – wahlweise Honig
Saft von 1 bis 2 Zitronen
2 bis 3 EL Apfel- oder Orangensaft
Kräutersalz

»Schmecken runde Karottenscheiben anders als eckige?«

Alle Zutaten für den Rohkostsalat in eine große Schüssel geben und miteinander vermengen.
Die Zutaten für das Dressing in eine kleine Schüssel geben und gut miteinander verrühren.
Zum Schluss mit Kräutersalz abschmecken. Möhrenrohkost verträgt in der Regel etwas mehr Salz als andere Rohkostsalate – einfach ausprobieren und dementsprechend nachsalzen.

Ein kleiner Ausflug nach bella Napoli

Wussten Sie, dass viele Pizzabäcker in Neapel, der Stadt, in der die Wiege des weltweit bekannten Teigfladens steht, der dieser Zunft ihren Namen gab, erst nach ca. fünfzehn Jahren am heißen Steinofen als wirkliche Meister der Pizza anerkannt werden? Zuvor gelten sie in manchen Betrieben tatsächlich noch als »Lehrlinge«. In Neapel gibt es Pizzerien, die tagtäglich nur eine einzige Pizzasorte anbieten: Pizza Margherita – die vermeintlich einfachste Variante dieses Gerichts. Die Margherita wird lediglich mit Tomatensugo bestrichen, dann mit etwas Büffelmozzarella belegt und zu guter Letzt, wenn sie heiß und knusprig aus dem Ofen kommt, mit frischen Basilikumblättern bestreut. Doch wozu braucht es um alles in der Welt fünfzehn Jahre Lehrzeit, um solch eine simple Mahlzeit perfekt zubereiten zu können?

Die Antwort auf diese Frage ertönt einhellig aus »bella Italia«: Erst wenn man sich in der Tiefe mit dem Produkt auseinandergesetzt hat – und damit zwangsläufig auch mit sich selbst, wie ein weiser Pizzabäcker einmal sehr treffend formulierte –, erst dann ist man auch in der Lage, dieses zu verstehen und das Allerbeste daraus zu machen.

Diese Erkenntnis können wir eins zu eins auf uns Menschen übertragen. Wir sind nichts anderes als dieser Klumpen Teig, der darauf wartet, von uns selbst geformt und in ein erstklassiges Gericht verwandelt zu werden. Im Klartext also: Es braucht einfach Zeit, um sich selbst und in diesem Fall auch die Margherita wirklich kennenzulernen. Es braucht Zeit, die Beschaffenheit des Teiges – dem A und O einer richtig guten Pizza – regelrecht zu erfahren und um seine Launen kennenzulernen. Erst dann kann man angemessen mit ihm arbeiten. Erst wenn man gelernt hat, den Teig wie ein Lebewesen zu behandeln, das beispielsweise auf lauschige Wärme positiv und auf Zugluft und zweitklassige Zutaten äußerst gereizt reagiert, ist man als neapolitanischer Pizzabäcker in die oberste Riege aufgestiegen. Von den anderen Zutaten – oder zum Beispiel von der Wahl des richtigen Holzes und der perfekten Glut im Ofen – ganz zu schweigen. Das Pizzabacken ist also, glaubt man den stolzen Einwohnern Neapels, eine Philosophie für sich, aber es ist wohl auch uns Nicht-Neapolitanern nach diesem kleinen Ausflug in den sonnigen Süden klar geworden, wie wichtig die Sorgfalt bei allem Tun im Allgemeinen und beim Teigkneten im Besonderen ist.

Die passende Übung zum sorgfältigen Teigkneten finden Sie nun gleich im Anschluss. Neben neuen Achtsamkeitserfahrungen winken nach dieser Übung sogar zusätzlich noch die Glücksgefühle einer frischen Pizza aus dem hauseigenen Backofen. Also, Ärmel hochgekrempelt und ran an das Ungetüm.

Übung
Den Pizzateig kneten

In einem Bericht über einen toskanischen Brotbäcker habe ich vor Kurzem gelesen, wie dieser im Grunde recht einfache Mann über das Kneten seiner Teige gesprochen hat. Im Laufe des Artikels konnte man fast glauben, er spreche über lebendige Wesen, so sinnlich und liebevoll war er seinen Produkten zugetan. Beim Kneten des Teiges können Sie nach seinem Vorbild ungeahnte Glücksmomente und noch einiges mehr entdecken. (Das passende Rezept für eine Pizza Margherita, deren Belag Sie dann übrigens beliebig erweitern können, finden Sie gleich im Anschluss an diese Übung.)
Vermengen Sie nun erst einmal alle Zutaten für den Teig, wie nachstehend beschrieben, in einer großen Schüssel. Kneten Sie dann das Ganze so lange, bis die Teigmasse so perfekt ist, um auf Ihrer Arbeitsfläche weiterverarbeitet werden zu können. (Eine genaue Anleitung der einzelnen Arbeitsschritte finden Sie auch im nachstehenden Rezept.) Doch für unsere eigentliche Knetübung wird es jetzt erst richtig spannend, denn normalerweise beschäftigen wir uns in der Hektik des Alltags viel zu selten wirklich intensiv mit den Dingen, die wir in unseren Händen halten. Dies soll sich nun anhand unseres Pizzateigs ändern.

→ Zunächst wird die Arbeitsfläche mit einem Hauch Mehl bestäubt. Achten Sie darauf, dass Sie nicht zu viel davon verwenden; eine kleine Handvoll reicht aus, sonst wird Ihre Pizza später zu trocken.

⇢ Nun legen Sie Ihren Teigball auf sein frisches Mehlbett. Betrachten Sie ihn, wie er darauf wartet, von Ihnen geknetet zu werden. Wie ist seine Oberfläche beschaffen?

⇢ Läuft er vielleicht leicht auseinander und dehnt er sich, wie er da so vor Ihnen liegt, auf der Arbeitsfläche aus, wie ein sich wohlig räkelndes Haustier vor dem Kaminfeuer? Wie schon gesagt, diese Art von Teig liebt eine warme Umgebung, er mag es also kuschelig und hasst Zugluft, deshalb Fenster und Küchentüre zu!

⇢ Falls Ihre Hände kalt sind, halten Sie sie kurz unter fließend warmes Wasser.

⇢ Nun beginnen Sie, den Teig unter dem Gewicht Ihrer Handballen zu walken. Das heißt, dass Sie ihn quasi locker unter Ihrem Ballen hindurch rollen, und dabei schieben Sie ihn von sich, also Ihrem Körper, weg nach vorn. Dazwischen ist es ratsam, den Teig immer wieder zu falten, damit die gesamte Masse gut durchgeknetet wird.

⇢ Vielleicht finden Sie auch eine andere Technik heraus, die Ihnen und somit auch dem Teig guttut. Es ist nämlich durchaus wichtig, dass Sie ganz persönlich sich beim Arbeiten wohlfühlen. Bearbeiten Sie den Teig eher wie ein lästiges Ding, das Sie davon abhält, etwas anderes, vielleicht Sinnvolleres zu tun, dann kann es sein, dass Sie zu viel Druck ausüben und Ihr Pizzaboden später überhaupt keine Lust mehr hat, locker und trotzdem knusprig zu werden. Manche Menschen schlagen ihren Teig auch heftig auf die Tischkante. Das kann zwar helfen, Wut abzubauen, und ist für sich gesehen vollkommen in Ordnung – Ihr Teig hat allerdings, entgegen manchen Expertenaussagen, rein gar nichts davon, es kommt deswegen auch nicht recht viel mehr Luft in seine Kammern.

⇢ Optimal ist es, wenn Sie sich richtig Zeit lassen für sich und Ihren Teig. Beobachten Sie Ihre Körperhaltung am Arbeitsplatz – sind zum Beispiel die Schultern entspannt und was ist eigentlich mit Ihrem Kiefer, wenn wir schon dabei sind?

⇢ Fühlen Sie, wie die Wärme der Hefe auf Ihre Handflächen übergeht? Dies geschieht wechselseitig, denn durch das Kneten und Walken wird die Haut stärker in Ihren Handinnenflächen durchblutet und diese sanfte Hitze strömt dann auch wieder in den Teig.

⇢ Wenn Sie nun Ihrem Herzen zugestehen, ganz genau hinzufühlen, werden Sie vielleicht bemerken, dass ein Gefühl von Sinnlichkeit aufsteigt, das nicht nur Ihren Körper erfasst, sondern auch das runde, scheinbar leblose Etwas vor Ihnen.

⇢ Langsam wird der Teig glänzend und geschmeidig. Durch die Wärme und unsere ruhige, entspannte Arbeit haben sich all seine Bestandteile auf das Wunderbarste miteinander verbunden und mit einem Mal steigt ein betörender Duft auf, der Köstliches verheißt. Die Schönheit eines solchen glatten, satten Teigballs kann sehr beglückend sein.

REZEPT: Pizza Margherita
Zubereitungszeit insgesamt ca. 2 Stunden 30 Minuten

Dieses Grundrezept für Pizza Margherita können Sie nach Belieben erweitern und ergänzen; Ihrer Fantasie in Sachen Belag sind keine Grenzen gesetzt! Ich habe schon so ungewöhnliche Kreationen wie Pizza mit Ingwer und gekochtem Hühnchenfleisch oder mit frisch geriebenem Meerrettich und gegrillten Zucchini serviert bekommen – allerdings nicht in Italien, wie Sie sich sicher denken können!

Für den Teig:
ca. 3/4 Würfel frische Hefe
1 Prise Zucker
ca. 2 bis 3 EL lauwarmes Wasser
ca. 2 bis 3 EL Weizenmehl Type 405 (für den Vorteig)
ca. 300 g Weizenmehl Type 405
ca. 1/8 bis 1/4 l lauwarmes Wasser
1 EL Olivenöl
1/4 TL Salz
etwas Mehl zum Ausrollen

Für den Belag:
400 g geschälte Tomaten in Stückchen (1 Dose)
Salz und Pfeffer
1 Zweiglein frischer Rosmarin
ca. 250 g Mozzarella
1/2 bis 1 Bund frischer Basilikum, gezupft
evtl. Olivenöl zum Beträufeln der Pizza

Es soll ja Menschen geben, die regelrecht Panik vor Hefeteig haben und sich deshalb auch niemals an die Zubereitung desselben wagen. In diesem Fall, finde ich, hilft es, sich die Hefe als kleines Lebewesen vorzustellen, was sie in Wahrheit ja auch ist – eine wimmelnde Ansammlung von Kleinstlebewesen. Diese putzigen kleinen Dinger wollen im Grunde nur eines: fressen! Sie lieben alles, was süß ist, und sie mögen es behaglich warm, während sie reinhauen, was das Zeug hält. Wenn Sie es schaffen, diese Rahmenbedingungen für unsere Hefetierchen herzustellen, dann beginnen die kleinen Racker fröhlich zu verdauen – und diese Gase bewirken dann das ersehnte »Aufgehen«. Aber den Hefebakterien geht es wie uns, ihnen bekommt Völlerei überhaupt nicht. Dann liegen sie quasi nur platt in einer Ecke, plagen sich mit Verstopfung und im Ernstfall entweicht ihnen kein einziger Pups, es entsteht also keine Gasentwicklung und der Teig geht nicht auf. Fazit dieser kleinen Einführung: Wenden Sie Sorgfalt und Fingerspitzengefühl schon beim sogenannten Vorteig an und behandeln Sie Ihre Hefe wie ein Kleinkind, das mit einer kleinen Süßigkeit verwöhnt werden möchte, in seinem zarten Alter jedoch selbst noch nicht weiß, was und wie viel ihm guttut. Halten Sie also Maß in Sachen Zucker und gehen Sie ohne Angst ran an die Hefe, dann kann nichts schiefgehen!

Für den sogenannten Vorteig geben Sie die zerbröckelte Hefe zusammen mit dem Zucker und etwas lauwarmem Wasser in eine kleine Schüssel und verrühren alles mit ca. 2 bis 3 EL Mehl.
Nun wird die Schüssel mit einem Geschirrhandtuch abgedeckt und für ca. 30 Minuten an einen warmen, zugfreien Ort gestellt.
Nach 30 Minuten das restliche Mehl auf einer sauberen Arbeitsfläche anhäufen und in die Mitte des Mehlbergs eine Mulde drücken. Den Vorteig – er wirft im optimalen Fall nun hübsche große Blasen und hat sein Volumen verdoppelt – zusammen mit Salz, ein bisschen von dem lauwarmen Wasser und Olivenöl in die Mulde geben.
Nun wird alles zu einem glatten Teig verarbeitet und geknetet – wenn Sie möchten, halten Sie sich an die vorstehende Teigübung.

Hat sich unser Pizzateig schließlich in eine ansehnliche, glatte Teigkugel verwandelt – Wasser oder auch etwas Mehl während des Knetens zugeben, damit sich die optimale Konsistenz entwickeln kann –, wird diese für eine weitere Stunde zugedeckt in einer großen Schüssel zur Ruhe gebettet, um den kleinen Hefetierchen ein weiteres Mal die Möglichkeit zu geben, sich ungestört ihren Verdauungsprozessen hinzugeben.

Während der Teig nun noch einmal geht, die Dosentomaten leicht abtropfen lassen, anschließend in eine Schüssel gegeben und mit Salz und Pfeffer würzen.

Wenn Sie möchten, können Sie noch etwas getrockneten Oregano oder Thymian unterrühren.

Rosmarinnadeln vom Stiel befreien und ebenfalls zu den Tomaten geben. Den Mozzarella in Scheiben schneiden.

Tomatensoße und Mozzarella beiseite stellen.

Nach 60 Minuten liegt unser Teig nun also dick und um fast das Doppelte angeschwollen in seiner Schüssel. Auf einer mit etwas Mehl bestäubten Arbeitsfläche wird er nun dünn ausgerollt und anschließend auf ein mit Backpapier ausgelegtes Backblech gelegt, wo er noch einmal für ca. 5 bis 10 Minuten offen ruhen darf.

Währenddessen den Backofen auf ca. 225 °C (Ober-/Unterhitze) vorheizen.

Tomatensoße dünn auf dem Pizzateig ausstreichen und mit Mozzarellascheiben belegen. In den vorgeheizten Ofen schieben und ca. 20 Minuten auf der mittleren Schiene backen.

Zum Servieren die Pizza mit Basilikumblättern bestreuen und evtl. mit etwas Olivenöl beträufeln.

»Mein Magen hat keine Zähne.«

Kochen, Brodeln, Backen –

von der Freude am Komponieren

»Wenn du mit Liebe kochst, wird jedes Gericht zum Ereignis.«
AMERIKANISCHER KÜCHENSPRUCH

Übung
Zu Gast bei den Außerirdischen

Dieses Kapitel beginnt mit einer ungewöhnlichen und lustigen Übung, die ich von James Baraz, einem amerikanischen Meditationslehrer, gelernt habe. Sie schult unsere Wahrnehmung auf spielerische Weise und fördert gleichzeitig unsere Kreativität und unsere Neugierde. Beides Eigenschaften, die man in der Küche gut gebrauchen kann.

Nehmen Sie sich für diese Übung eine kurze Auszeit vom Alltag. Vielleicht möchten Sie sich dazu gemütlich für ein paar Minuten an Ihren Küchentisch setzen. Für unseren Besuch bei den Außerirdischen brauchen wir ein bisschen Proviant: einen Apfel vielleicht, eine Handvoll Nüsse, ein hart gekochtes Ei oder ein Stückchen von Ihrer Lieblingsschokolade. Die kleinen grünen Männchen, James sprach immer von Aliens, werden in Kürze mit ihrem Ufo vor Ihrer Haustür landen, um Sie einzuladen, ihr Raumschiff zu besichtigen. Um es schon mal vorwegzunehmen: Die wilden Kerle aus dem All sind wahnsinnig neugierig.

Sie möchten im Gegenzug für ihre Gastfreundschaft ganz genau wissen, wie menschliche Nahrung schmeckt. Dort oben gibt es wohl keine Bananen, kein frisch aufgebackenes Baguette oder was auch immer. Also ist es am besten, Sie sind gut vorbereitet.

- Stellen Sie sich nun vor, dass Sie bereits auf das Raumschiff, das vor Kurzem in Ihrem Vorgarten oder auf dem Balkon gelandet ist, gebeamt wurden. Sie stehen nun Angesicht zu Angesicht vor einer Ansammlung seltsam aussehender Wesen – ob grün, ob blau, die Hautfarbe bleibt ganz Ihrer Fantasie überlassen –, die Sie aus großen Glupschaugen anstarren und es kaum erwarten können, dass Sie mit Ihrem Bericht über die Dinge, die in den menschlichen Mägen tagtäglich landen, loslegen. Und da geht sie auch schon los, die Fragerei:
- Wie genau schmeckt eigentlich ein Apfel?
- Kann man die Begriffe »sauer« oder »süß« irgendwie genauer beschreiben?
- Schmeckt ein gekochter Apfel anders als ein frischer?
- Wie fühlt sich das alles im Mund an?
- Was bedeutet knusprig?
- Wie fühlt sich Schärfe in der Mundhöhle an?
- Was für eine Geschmacksrichtung hat eigentlich Wasser?
- Unser Besuch aus den Weiten des Weltalls gibt sich natürlich nicht mit einem banalen Apfel oder einem Ei zufrieden, er möchte tiefer in die Materie einsteigen. Die Jungs sind anhänglich und werden in mehr oder weniger regelmäßigen Abständen immer wieder mal bei Ihnen anklopfen. Sie möchten wissen, wie Zimt oder Salz schmecken und wozu man all diese wunderbaren Gewürze, die auf diesem Planeten, der schon von Weitem so schön blau leuchtet und der deswegen ihre Neugierde geweckt hat, verwenden kann. Seien Sie also gut vorbereitet und nehmen Sie sich für Ihre neuen Freunde immer wieder mal ein bisschen Zeit. Beginnen Sie ganz genau hinzuschmecken, um später dann Ihrem seltsamen Besuch einen detailgetreuen Bericht erstatten zu können.

Um ohne Angst vor Misserfolg kochen zu können, d. h. also vielleicht auch einmal ohne Kochbuch und Rezeptanleitung aus dem Internet am Herd Neues zu wagen oder alten, oft gekochten Rezepten durch exotische Gewürze und Zutaten mutig einen ungewöhnlichen Pfiff zu verleihen, können wir also zunächst einmal beginnen, vielleicht mithilfe der vorangegangenen Übung, unsere Aufmerksamkeit bewusst auf die verschiedenen Geschmacksrichtungen der jeweiligen Nahrungsmittel zu lenken. Ich muss zugeben, dass ich anfangs ganz schön ins Schleudern gekommen bin, als ich diese Übung erstmals ausprobiert habe. Es ist nämlich gar nicht so leicht, beispielsweise den charakteristischen Geschmack von Zimt oder von Koriander in Worte zu fassen. Durch dieses genaue Hinschmecken und Hinriechen wird das Geschmacksbewusstsein enorm geschult. Seither lade ich die kleinen grünen Männchen immer wieder mal zu mir ein und erzähle ihnen von meinen neuesten Geschmackserlebnissen.

»Wie blubbert Mineralwasser im Mund?«

1001 Wege, Linsen zu kochen

Mindestens einmal im Jahr reist der bereits erwähnte Ed Brown von Kalifornien nach Europa, um hier seine begehrten Kurse abzuhalten – ein inspirierender Mix aus Zenmeditation und Küchenarbeit. Ich hatte, wie schon erwähnt, einen Platz ergattert und reiste voller Vorfreude dorthin. Schnell war klar, dass Eds Küche stark von seinen Vorlieben geprägt ist, was, für sich gesehen, ja erst einmal wertfrei und naheliegend ist. Doch, um ehrlich zu sein, hatten alle Kursteilnehmer – ich eingeschlossen – von Anfang an leichte Probleme, diese Unmengen an Knoblauch standesgemäß zu verdauen. Auch in Sachen Hefe hatte der Meister die Einstellung, je mehr, desto besser, was zur Folge hatte, dass sich einige von uns nach dem Brotbacktag auf dem Meditationskissen fühlten wie Heißluftballons kurz vor dem Start, nämlich bereit zum Abheben. Doch dies erzähle ich Ihnen nur am Rande, damit Sie wissen, dass Kochen immer eine individuelle Angelegenheit bleibt.

Im Laufe der Woche überraschte uns unser Lehrer dann mit einer interessanten Geschmacksschulung in der Küche, womit ich nun zur eigentlichen Geschichte komme. Er begann damit, dass er behauptete, dass wir im Grunde genommen gar nicht mehr wissen würden, wie einige Nahrungsmittel für sich allein schmecken. Wir schnitten frische Tomaten auf und kosteten die Stückchen. Wie schmeckt eine Tomate überhaupt und wie kann ich das, was ich schmecke, in Worte fassen? Wie benenne ich den Unterschied zwischen Dosentomaten und einer prallen Gartentomate – und wie schmeckt dieser Unterschied? An diesem Tag aßen wir uns durch eine Unmenge von Lebensmitteln und wir überschlugen uns gegenseitig in neuen Wortfindungen, um das Geschmeckte in Worte fassen zu können.

Wir kosteten Kartoffelchips, um letztendlich herauszufinden, dass sie unter ihren künstlichen Aromen nach gar nichts schmecken und die Konsistenz eher an Styropor aus dem Baumarkt erinnert und nicht an knusprig gebackene Kartoffelscheiben, wie es uns die Verpackung weismachen wollte. Wir kochten Linsen ohne irgendein Gewürz in schlichtem Wasser und entdeckten einen erdig-pelzigen Geschmack, der im Grunde keinem von uns so recht zusagte. Letztere, also die Linsen, inspirierten Ed dann am darauffolgenden Tag zu dem Experiment, nur mit Nahrungsmitteln zu kochen, die einen erdigen Grundgeschmack haben. Wir kochten unter anderem Polenta mit einer dunklen Schokoladensoße und schwarzen Chilis, einer Spezialität aus Mexiko, und ich muss sagen, der dieses Gericht prägende Erdgeschmack kam wirklich voll zum Tragen.

Im Laufe der Woche wurden unsere Geschmacksnerven immer sensibler – und unser Mut zum Ausprobieren wuchs parallel dazu. Die bereits erwähnten Linsen wurden sogar zu einer regelrechten Offenbarung, denn Ed ermutigte uns, immer neuere und ungewöhnlichere Varianten des gemeinen Linseneintopfs auszuprobieren. Gaben wir zu den Hülsenfrüchten frisch geriebene Zitronenschale und grobes Meersalz, so explodierten unsere Geschmacksknospen in Richtung mediterraner Frische. Orangenzesten und Zimt gaben dem Ganzen einen leicht winterlichen Touch und lediglich ein einziger Schuss Apfelessig im Linsenbrei weckte die längst vergessen geglaubte Erinnerung an Eintopf mit Würstchen bei Muttern.

Seit diesem Kurs, der nun schon ein paar Jahre zurückliegt, habe ich keine Scheu mehr, Neues in der Küche zu wagen. Ich experimentiere mit Zimt, Schokolade und Quitten im Tomatensugo und Vanille in der Kürbiscremesuppe – oder geben Sie mal Apfelstücke und Ingwer zum traditionellen Schweinebraten ins Backrohr, das schmeckt einfach wunderbar! Doch die größte Offenbarung ist für mich seitdem die Verwendung von geriebener Zitronenschale oder von fein geschnittenen Zitronenzesten, wie man im Fachjargon sagt. Ich kann einfach nicht genug von dem Überraschungsmoment bekommen, wenn mit einem Mal in einer simplen Nudelsoße, einem traditionellen Salatdressing oder einem einfachen Reisgericht der frische Zitronengeschmack durchkommt. Ed hatte uns damals alle gewarnt: Das Aroma von Zitronenschale hat Suchtfaktor! Er hatte recht damit.

REZEPT: Indisches Dhal
Zubereitungszeit insgesamt
ca. 30 Minuten

Dieses Rezept habe ich vor einigen Jahren von einer meiner Reisen durch Indien mitgebracht. Angeregt durch Eds Linsenverkostung, habe ich dann später immer wieder neue Varianten ausprobiert und ich hatte Freude am spielerischen Experimentieren am Herd. Die neueste Fassung meiner indischen Linsen finden Sie hier nun zum Nachkochen. Ihrer eigenen Fantasie sind dabei, wie schon mehrmals betont, keinerlei Grenzen gesetzt. Noch dazu nehmen Linsengerichte das eine oder andere exotische Experiment nicht allzu übel, sie sind äußerst geduldige Versuchsobjekte, denn kleine Geschmacksverirrungen gehen im Linsenbrei dankbarerweise leicht unter und so schmeckt das Gekochte eigentlich immer.

Für das Dahl:
200 g rote Linsen, in einem Sieb unter fließend kaltem Wasser gewaschen und anschließend abgetropft
2 EL Ghee (indisches Butterschmalz) – wahlweise Butter
1 kleine rote Zwiebel, geschält, in feine Würfel geschnitten

1 bis 2 Knoblauchzehen, in feine Würfel geschnitten
ca. 3 cm frischer Ingwer, geschält und in feine Würfel geschnittten
Schale von 1/2 unbehandelten Zitrone, in feine Streifen (Zesten) geschnitten
1/2 TL Kurkuma, gemahlen
1/2 TL Kreuzkümmelsamen
1/2 TL schwarze Zwiebelsamen – wahlweise schwarze Senfsamen
4 mittelgroße Tomaten, in kleine Stückchen geschnitten
1 kleiner säuerlicher Apfel (z. B. Elstar oder Cox Orange), ungeschält, vom Kerngehäuse befreit und in kleine Stückchen geschnitten
1 1/2 TL Garam Masala (indische Gewürzmischung)
ca. 200 ml Wasser
400 ml Kokosmilch (1 Dose)
Saft von 1 Zitrone
Salz
1 EL Korianderblätter, fein geschnitten – wahlweise Schnittlauchröllchen oder Petersilienblätter
evtl. 1 Prise getrocknete Chiliflocken

Das Ghee in einen nicht allzu kleinen Topf geben, denn die Linsen beginnen während des Kochvorgangs aufzuquellen, und erhitzen.
Zwiebeln, Knoblauch, Ingwer und Zitronenzesten zugeben und bei mittlerer Hitze ca. 3 Minuten andünsten.
Kurkuma, Kreuzkümmel und Zwiebelsamen zugeben und unter ständigem Rühren weitere 2 Minuten mit anbraten.
Anschließend Tomaten- und Apfelstückchen unterrühren und kurz mitbraten.
Linsen und Garam Masala zugeben, alles gut miteinander verrühren und dann mit Wasser aufgießen. Das Dhal ca. 5 Minuten zugedeckt köcheln lassen.
Nun die Kokosmilch hineingeben und erneut ca. 10 Minuten köcheln lassen.
Sind die Linsen weich, mit Zitronensaft und Salz würzen – falls nötig, nochmals Wasser zugeben.
Mit Koriander und getrockneten Chiliflocken servieren. Dazu schmeckt frisches Baguette, indisches Fladenbrot (Naan) oder Basmatireis.

Tu einfach, was du tust

Der zenbuddhistische Lehrer Shunryu Suzuki Roshi hat auf die Frage, wie man in der Küche meditativ arbeiten könne, geantwortet: »Wenn du Reis wäschst, dann wäschst du Reis, wenn du Möhren schälst, dann schälst du Möhren und wenn du in deiner Suppe rührst, dann rührst du in deiner Suppe.« Einfach übersetzt: »Tu nichts anderes als das, womit du gerade beschäftigt bist – und zwar mit all deinen Sinnen! Versuche dich mit Achtsamkeit, also liebevollem Interesse und Gewahrsein, und mit der größtmöglichen Konzentration ganz deiner Arbeit zu widmen.« Ja, wenn das immer so einfach wäre, aber Übung macht ja bekanntlich den Meister oder die Meisterin.

In Green Gulch, einer Art Zenfarm direkt an der Pazifikküste, im Norden San Franciscos, auf der ökologisches Gemüse im größeren Stil angebaut wird, hörte ich eines Morgens den Vortrag einer Zenlehrerin über das Kochen einer simplen Suppe. Sie erklärte, dass all das Gemüse, oder was auch immer wir für Zutaten letztendlich wählen, im Suppentopf mithilfe von optimaler Hitze – nicht zu hoch und nicht zu niedrig – seine wertvollen Inhaltsstoffe nach außen abgibt. Verschiedene Geschmacksnuancen werden zudem auch noch freigesetzt und das alles verbindet sich dann auf das Harmonischste mit dem Ganzen, in diesem Fall mit der Suppe. Also sollten wir von vornherein bereits Kenntnis darüber haben, welche Gemüsesorten oder Kräuter und Gewürze gut zusammenpassen und miteinander perfekt harmonieren. Auch über die Hitze sollten wir uns im Klaren sein – ist die Herdplatte z. B. zu hoch eingestellt, dann verbrennt uns vielleicht gleich zu Beginn das Gemüse, das wir im Grunde nur andünsten wollten. Und genauso ist es übrigens auch mit unseren Gefühlen: Steigen Frust und Ärger hoch oder geraten wir während des Kochens in Stress, dann sollten wir auf unsere innere Gefühlshitze achten und gegebenenfalls die Temperatur etwas nach unten drehen, damit wir zufrieden und im wahrsten Sinne des Wortes auf kleinerer Flamme weiterkochen können. Auch sollten wir im täglichen Umgang mit unseren Mitmenschen darauf achten, wie wir am besten miteinander harmonieren und was wir am sinnvollsten nach außen abgeben, damit unser tägliches Miteinander gelingt – ein schöner Gedanke.

REZEPT: Risotto mit Fenchel und Birne
Zubereitungszeit ca. 30 Minuten

Damit Sie jetzt gleich ein Gefühl dafür bekommen, was Shunryu Suzuki vorher mit seinem Reiswaschexperiment gemeint hat, gebe ich Ihnen nun ein schlichtes Rezept für einen klassischen Risotto an die Hand. Zugegeben, mit diesem Rezept machen wir einen gewaltigen Sprung von der Pazifikküste Nordamerikas direkt an die Flussufer des Po, der den Norden Italiens durchzieht. Doch der eben erwähnte Meister Suzuki hätte an diesem Rezept sicher seine Freude gehabt, ergeben doch die wenigen hochwertigen Zutaten, sorgfältig zubereitet und geduldig gerührt, ein einfaches und gesundes Gericht, das der Zenküche alle Ehre macht.

Für den Risotto:
2 bis 3 EL Butter
1 kleine Zwiebel, in feine Würfel geschnitten
1 große Fenchelknolle (ca. 400 g), geputzt und in feine Scheibchen geschnitten
1 große, feste Birne, vom Kerngehäuse befreit und in Würfel geschnitten
Schale von 1/2 unbehandelten Zitrone, in feine Streifen (Zesten) geschnitten
400 g Rundkornreis, gewaschen
ca. 150 ml Weißwein – wahlweise Prosecco
ca. 1 bis 1,2 l heiße Gemüsebrühe
1 EL Butter
ca. 2 EL frisch geriebener Parmesan – nach Belieben
1 bis 2 EL Fenchelgrün, fein gehackt
evtl. 1 Prise Salz
+ frisch geriebener Parmesan zum Garnieren

Die Butter in einen entsprechend großen Topf geben und erhitzen, dann die Hitze auf mittlere Flamme reduzieren.
Die Zwiebelwürfel zu der zerlassenen Butter geben und unter Rühren glasig anschwitzen.
Den Fenchel, die Birnenwürfel und die Zitronenschale zugeben und ca. 1 Minute unter ständigem Rühren mitdünsten.
Anschließend den Reis zugeben und mit anschwitzen lassen, bis die Reiskörner glasig sind – dabei ebenfalls ständig rühren, damit der Reis keine Farbe annimmt.
Mit dem Wein ablöschen und permanent weiterrühren, bis sich die Reiskörner weitgehend mit der Flüssigkeit vollgesogen haben.

Nun das Ganze, unter ständigem Rühren, mit etwas Gemüsebrühe angießen.
Erneut nachgießen, wenn die Brühe weitgehend vom Reis aufgesogen ist.
So nach und nach fortfahren, bis der Risotto fertig gekocht ist – das dauert ca. 15 bis 20 Minuten.
Zum Schluss Butter, Parmesan und etwas Fenchelgrün untermengen.
Evtl. mit Salz abschmecken.
Topf von der Herdplatte ziehen und den Risotto zugedeckt noch 1 bis 2 Minuten ziehen lassen.
Mit frisch geriebenem Parmesan und Fenchelgrün servieren.

Das Küchenbewusstsein

Wussten Sie übrigens, dass in professionellen Restaurantküchen ein Begriff kursiert, den man das »Küchenbewusstsein« nennt? Demnach wächst und gedeiht dieses Küchenbewusstsein in einem Klima höchster Konzentration und Aufmerksamkeit, dazu kommt wohl noch eine Prise von kreativem Chaos, das in solchen Küchen zwangsläufig herrscht. Das Küchenbewusstsein entfaltet sich also, wenn all diese Rahmenbedingungen stimmen, und plötzlich sitzt bei allen Köchen, Küchenhilfen und Spülern jeder Handgriff wie im Schlaf. Doch nicht nur das, denn mit einem Mal arbeiten alle zusammen, wie in einem großen Orchester. Es wird nicht nur im eigenen Süppchen umgerührt; das Ganze funktioniert eher wie ein Uhrwerk, wo die eigene Tätigkeit wie ein kleines Zahnrädchen in die Arbeit des anderen greift – und jeder hat dabei alles, also das große Ganze, im Blick. Das geht sogar so weit, dass beispielsweise mit einem Mal die Dame in der Salatecke plötzlich ihre zarten Blätter, die sie gerade unter fließendem Wasser wäscht, liegen lässt und regelrecht schlafwandlerisch zum Backofen geht, um die Lammhaxen aus dem Rohr zu nehmen, weil sie gerochen hat, dass sie gar sind, obwohl das leckere Fleisch laut Rezept eigentlich noch eine halbe Stunde schmoren müsste. Wenn sich das Küchenbewusstsein voll ausgebreitet und jeden Winkel der Küche erfasst hat, dann sind alle Sinne geschärft und die Arbeit flutscht nur so von der Hand. Im Nachhinein bezeichnen viele Köche diese von außen betrachtet vielleicht stressigste Zeit des Tages als ihren größten Glücksmoment im gesamten Tagesablauf, der in der Regel süchtig nach mehr macht.

Wenn der Tenzo mit dem Stöckchen schlägt

Das »Küchenbewusstsein« wird in der Tradition des Zen ganz groß geschrieben. Der sogenannte Tenzo, also der Küchenchef, wacht scharfen Auges über die Küchencrew, damit Achtsamkeit und hohe Konzentration beim Kochen und Arbeiten immer an erster Stelle stehen.

In Green Gulch, jenem Kloster an der Pazifikküste, einen Katzensprung von San Francisco entfernt, in dem ich für zwei Wochen als einfache Küchenhilfe mitarbeiten durfte, begann der Arbeitstag mit einem formellen Treffen im Büro des Tenzo, der in unserem Fall eine Frau war. Wir stellten uns im Kreis vor einem kleinen Küchenaltar auf, falteten die Hände und der Tenzo begann, sich dreimal rituell vor dem milde lächelnden Holzbuddha auf dem Altar zu Boden zu werfen. Ein weiterer Zenmönch schlug in schnellem Takt eine Klangschale mit einem hölzernen Schlegel an und der Rest von uns rezitierte wahrlich in einem Affenzahn – typisch Zen! – das sogenannte »Küchensutra«, eine Lehrschrift für Köche, die ein sehr weiser Mönch vor vielen Hundert Jahren zu Papier gebracht hat.

Danach wurden die Arbeiten verteilt und wir marschierten alle leise in die Küche, um von nun an schweigend das Mittagessen für an die hundert Mönche, Nonnen und diverse Gäste zuzubereiten. In Stille zu arbeiten ist das oberste Gebot in solch einer Küche, lediglich Fragen und Anweisungen, die im Rahmen der Küchenarbeit notwendig sind, werden laut ausgesprochen. Zudem schlägt der Tenzo in unregelmäßigen Abständen zwei quadratische Holzstückchen aufeinander, ein Zeichen für uns, in unserer Tätigkeit innezuhalten und für exakt eine Minute die Arbeit ruhen zu lassen. Diese kleinen Kurzmeditationen sollen dabei helfen, den Geist und den Körper wieder neu auszurichten, denn nicht allzu selten schweifen die Gedanken während des Arbeitens ab – und das Küchenbewusstsein geht flöten, was man daran erkennen kann, dass einem der Köche plötzlich der Kochlöffel mehrmals hintereinander aus der Hand rutscht oder sich jemand beim Herausziehen der Ofenbleche, auf denen Berge von gebackenen Süßkartoffeln ihr duftendes Aroma verströmen, die Finger verbrennt. Und schon ist der Tenzo zur Stelle, um uns mit seinen beiden Stöcken zurück in die Küchenrealität zu holen und zur Achtsamkeit zu mahnen.

Die Ernsthaftigkeit und die hohe Konzentration in der Küche dieses Klosters haben mich tief beeindruckt – unsere kleine Belegschaft schaffte dadurch in relativ kurzer Zeit eine Unmenge von Arbeit, ohne müde zu werden. Obwohl das Arbeitstempo in der Regel, so entspricht es der Tradition des Zen, recht hoch gehalten war. Nach zwei Stunden Schnippeln, Schneiden, Rühren, Kneten und all den anderen typischen Küchenarbeiten ertönte wieder der sanfte Ton der kleinen Klangschale und wir durften alle unsere wohlverdiente Kaffeepause antreten. Wider Erwarten ging es nun am gemeinsamen Tisch in der Essenshalle hoch her, wir plapperten und plauderten wild durcheinander, dass es eine wahre Freude war – oder kam es mir nur so vor, weil die Stille in der Küche vorher für mich so ungewohnt gewesen war? Anschließend bauten wir wieder, zurück an unseren diversen Arbeitsplätzen, gemeinsam das hochenergetische Feld des »Küchenbewusstseins« auf, um um Schlag 12 Uhr das Mittagessen servieren zu können. Bevor allerdings die großen, dampfenden Töpfe in die Halle getragen wurden, begaben wir uns wieder in den kleinen Nebenraum, um uns erst gemeinsam dreimal vor dem kleinen Holzbuddha und dann voreinander zu verbeugen – ein Zeichen der Anerkennung der getanen Arbeit eines jeden Einzelnen von uns – auch eine hübsche Idee, die man im Alltag gelegentlich mal ausprobieren kann!

»Ich atme ein und fühle mich lebendig.«

Reisbrei kurz vor der Erleuchtung

Zu Lebzeiten Buddhas rettete ihn ein schlichtes, aber gehaltvolles Gericht quasi vor dem Hungertod. Der junge Mann brauchte bekanntlich ja eine gewisse Zeit, bis er unter dem Bodhibaum erleuchtet wurde. Zuvor probierte er einige Lebensweisen und Meditationstechniken aus – mehr oder weniger erfolgreich. So lebte er eine geraume Zeit als Asket, bis er auf die Knochen abgemagert war und keinen klaren Gedanken mehr fassen konnte. Da kam eines Tages eine junge Frau des Weges, die den elenden Zustand des ehemaligen Prinzen sofort erkannte. Sie lief schnell nach Hause und bereitete einen nahrhaften Reisbrei zu, um dem schwachen Wandermönch wieder auf die Beine zu helfen.

Diesen Reisbrei wollen wir nun im Folgenden zubereiten. Als ich ihn erstmals, von einer Freundin zubereitet, kosten durfte, fühlte ich mich regelrecht in den siebten Himmel versetzt – vielleicht ein klitzekleiner Erleuchtungsvorgeschmack für Normalsterbliche.

Ich frage mich allerdings immer noch, wie es der Buddha damals schaffte, nur einen einzigen Löffel von dem köstlichen, zugegebenermaßen sehr gehaltvollen und recht süßen Pudding zu sich zu nehmen – so sagt es jedenfalls die Überlieferung –, ich hätte an seiner Stelle mit Sicherheit die ganze Schüssel leer geschleckt.

REZEPT: Buddhas Reispudding
Zubereitungszeit insgesamt
ca. 2 Stunden 20 Minuten

Das nun folgende Rezept ist also angeblich an die 2600 Jahre alt und dessen Hauptzutat ist, genau wie beim vorangegangenen Rezept für das Fenchel-Birnen-Risotto, Rundkornreis. Dieses Mal kommen allerdings die Süßmäulchen unter Ihnen voll auf ihre Kosten.

Für den Reispudding:
250 g Rundkornreis, gewaschen
ca. 100 g Rohrzucker – bzw. 150 g für die ganz »Süßen« unter Ihnen
ca. 3/4 l Vollmilch – wahlweise Sojamilch
100 g Sahne
1 Msp Muskat
1 bis 2 EL Butter
etwas Butter zum Einfetten der Auflaufform
evtl. etwas Zimt zum Bestreuen des Puddings

Den Backofen auf 150 °C (mittlere Schiene, Ober-/Unterhitze) vorheizen.

Alle Zutaten, außer der Butter, in eine große Schüssel geben, um sie gut miteinander verrühren zu können.

Anschließend das Gemisch in die eingefettete Auflaufform geben, die Butter in Flöckchen darüber verteilen und das Ganze dann in den vorgeheizten Ofen schieben.

Gelegentlich umrühren, damit sich anfangs keine Haut bilden kann – erst gegen Ende hin, während der letzten 20 Minuten etwa, sollte sich eine schöne goldgelbe »Kruste« bilden.

Nach ca. 2 Stunden ist der Reispudding so gut wie fertig. Nun die Auflaufform aus dem Rohr nehmen und das Ganze zugedeckt noch ca. 5 bis 10 Minuten ruhen lassen – lauwarm servieren und evtl. mit etwas Zimt bestreuen.

Übrigens, Sie können dieses von den Zutaten doch recht schlicht gehaltene Rezept noch nach eigenen Wünschen aufpeppen und verändern. So geben z. B. Rosinen und andere Trockenfrüchte, wie Datteln oder Trockenpflaumen, dem Ganzen zusätzlich eine saftige Note. Vielleicht erinnert Sie dieser Reispudding, so wie mich persönlich auch, an den Reisauflauf der Großmutter aus Kindertagen. Meine Oma hat immer, sehr zur Freude ihrer zahlreichen Enkelkinder, eingelegte Sauerkirschen mit in die Form gegeben, die wir dann im heiß dampfenden Auflauf suchten, als gelte es, echte Goldnuggets aufzustöbern.

Wie außen, so innen

Wahrlich gute und kreative Köche sind immer diejenigen, die ihren Arbeitsplatz peinlichst sauber halten. Es heißt: »So wie es auf deiner Arbeitsfläche aussieht, so sieht es auch in deinem Kopf aus.« Eine mit Abfällen und gerade nicht benötigten Küchenutensilien übersäte Arbeitsfläche lässt also auf ein mit Gedanken und unnötigen Sorgen überfrachtetes Gehirn schließen. Wo sollen da dann noch Kreativität und Probierfreude Platz haben? Ganz zu schweigen vom nötigen Überblick beim Kochablauf.

Diese einfachen Regeln und Beobachtungen hat übrigens bereits unser Zenmönch, von dem das schon erwähnte Küchensutra stammt, vor vielen Hundert Jahren erforscht, erkannt und aufgeschrieben. Doch mehr zu diesem Thema im letzten Kapitel dieses Buches, wenn es um den Abwasch und ums Saubermachen geht.

Selbst erfinden macht Spaß

Wir kümmern uns jetzt erst noch einmal verschärft um die bereits erwähnte Probierfreudigkeit, also um unsere Kreativität, diesen unerschöpflichen Quell von Freude und tiefer Zufriedenheit. Kein Wunder, dass viele berühmte Köche dieser Erde wie Künstler oder Rockstars verehrt werden. Doch man muss ja nicht gleich das Boeuf en daube neu erfinden, um in den Koch-Olymp aufzusteigen.

Mit den bisher vorgeschlagenen Tipps und Übungen haben wir bereits eine solide Grundlage für schöpferisches Kochen und müssen die Messlatte nicht gleich unerreichbar hoch legen. Außerdem wissen wir nun um die Wichtigkeit von Frische und Qualität der Lebensmittel und haben bereits ein Gefühl für Messer, Löffel und Co., also unsere Küchenutensilien, entwickelt. Was kann da noch schiefgehen?

Von einem indischen Meister – nein, dieses Mal kein Koch! – habe ich eine wunderbare Definition über Mut gelesen, die da sinngemäß lautet:

> »Mut ist eine kleine Insel in einem Meer von Angst. Nicht derjenige ist mutig, der keine Angst hat, sondern derjenige, der sich von dieser Insel aus immer wieder ins Wasser wagt.«

Auf unser Kochen übertragen, bedeutet dies, wie bereits eingangs erwähnt, einfach Mut zu haben, Neues zu wagen. Kreativität besucht am liebsten mutige Menschen, denn in ihrer Gegenwart kann sie sich am besten entfalten! Und ein solch wunderbares Experimentierfeld für Kreativität und Kombinierfreudigkeit ist meiner Erfahrung nach auch die Resteverwertung.

Tenshin, eine befreundete Nonne, die seit einigen Jahren in Japan in einem Zenkloster lebt, erzählte mir kürzlich von ihren Beobachtungen in der Klosterküche dort. Der Tenzo, der Küchenchef also, um es salopp zu formulieren, ist laut Tenshin besonders darauf bedacht, keine Lebensmittel wegzuwerfen. Wirklich alles wird verwertet und so landet beispielsweise kaum Gemüseabfall im Kompost – vielleicht zum Leidwesen des Gärtners, aber Gott sei Dank spielen in japanischen Zengärten ja hauptsächlich Steine eine große und wichtige Rolle, doch das nur nebenbei. Beim Kochen können so zum Beispiel Kohlstrünke und -blätter, Zwiebelschalen und Petersilienstiele oder Karotten- und Lauchenden in einem fein gewebten, alten, an den Enden zusammengebundenen Geschirrhandtuch enden, um ihre Aromen ins brodelnde Wasser abzugeben, eine wunderbare Suppengrundlage!

In dem kleinen Bistro, in dem ich regelmäßig arbeite, wird Resteküche ebenfalls ganz groß geschrieben und auch in allen professionellen Küchen, in denen ich Mäuschen spielen durfte, herrscht ein hohes Bewusstsein für Lebens- und Nahrungsmittel und deren komplette Ver- oder Wiederverwertung. Komme ich also manchmal morgens an meinen Arbeitsplatz, dann kann es sein, dass nun dringend Champignons, die am Vortag nicht verarbeitet werden konnten, verkocht werden müssen, bevor sie unansehnlich und schlecht werden. Und dann ist da vielleicht noch ein Liter Tomaten-Oliven-Soße von gestern übrig, die auch schleunigst in den nächsten Topf muss. Also wird der Speiseplan kurzerhand geändert und es entsteht statt einer sämigen Erbsen-Sahne-Soße für das mittägliche Pastagericht, wie ursprünglich mit der Küchenchefin abgesprochen, ein frisches Tomaten-Oliven-Sugo, dessen Basis scharf angebratene Champignons sind und das durch die Zugabe von dunklem Balsamico-Essig – im Topf karamellisiert, für alle, die es genauer wissen wollen – und hauchfeinen Orangenzesten eine Überraschungsnote für die Gäste erhält. Alles selbst erfunden, da hüpft das Herz vor Freude, das kann ich Ihnen versichern!

Schlemmen und Genießen –

alles ist erlaubt!

»Liebe zum Kochen ist Liebe zum Leben!«
LEITSPRUCH AUF MEINEM KÜCHENALTAR

Gleich zu Beginn dieses Kapitels über das Genießen möchte ich Ihnen eine Übung vorstellen, die auf den ersten Blick etwas ungewöhnlich klingt, und im Grunde ist sie das auch für uns Erwachsene. Ein Freund von mir, der an einer Grundschule als Lehrer arbeitet, hat sie mir an einem geselligen Abend gezeigt. Er macht sie mindestens zweimal in der Woche mit seinen Kindern. Sie hilft den Kleinen, ihre Körper zu spüren – und zu genießen!

Übung
Das belegte Brot

Diese Übung ist für zwei Menschen gedacht und sollte im Wechsel stattfinden. Sie brauchen also einen Partner.

- Einer von Ihnen beiden legt sich nun in Bauchlage auf eine weiche Unterlage, bevorzugt auf den Boden. Versuchen Sie, es sich so bequem wie möglich zu machen – entspannen Sie sich. Vielleicht brauchen Sie eine Wolldecke, damit Ihnen nicht so schnell kalt wird.
- Nun kniet sich der Übungspartner daneben und beginnt sanft diese »Brotscheibe«, die der liegende Partner gerade darstellt, mit Butter zu bestreichen. Stellen Sie sich vor, wie Sie die weiche Butter mit zart streichenden Bewegungen auf dem Brot – sprich Rücken – verteilen, damit alles bedeckt ist.
- Als ich noch ein kleines Mädchen war, ritzte meine Großmutter regelmäßig ein hübsches Rautenmuster in mein Butterbrot, wenn ich bei ihr zu Besuch war. Ich freute mich immer sehr dar-

über und ohne dieses Muster weigerte ich mich, mein Brot überhaupt zu essen. Vielleicht möchten auch Sie in Ihr Brot, das da entspannt und wohlig vor Ihnen liegt, ein paar zarte Schnörkel oder Linien zeichnen.

⇢ Wie wäre es jetzt mit ein bisschen Salz? Ganz fein rieseln die Körnchen nun auf unsere Brotscheibe, d. h., die Fingerspitzen tanzen über den Rücken des Partners.

⇢ Manche von uns mögen vielleicht lieber Zucker auf ihrem Butterbrot, damit kann ein Gefühl von Wärme und Wohlbehagen verbunden sein. Also nichts wie drauf mit dem süßen Zeug – bloß nicht sparen! Wir zählen keine Kalorien und niemand hebt hier mahnend den Zeigefinger, weil Zucker doch so ungesund ist. Das Zuckerbutterbrot ist nun fertig angerichtet, doch es gibt noch viele weitere Möglichkeiten, diese Brotscheibe da vor uns zu belegen.

⇢ Ein paar Tupfer Senf, sachte aus der Tube gedrückt, bilden eine wunderbare Basis für ein Wurstbrot.

⇢ Sie können Ihr Brot auch erst mal richtig durchkneten. Meine kleine Schwester hat früher immer das Brotinnere von der Rinde befreit, um dieses hingebungsvoll zu einer kleinen Kugel, von ihr »Bummel« genannt, zu formen. Die Brotkugel wurde dann von allen Seiten mit Butter bestrichen und anschließend in ein Glas Honig getunkt, sehr zum Leidwesen meiner Mutter, die um die guten Manieren ihrer Tochter bangte.

Sinn dieser Übung ist es, ein Gefühl für den eigenen Körper zu entwickeln. Für mich hat sie jedoch auch noch einen sehr sinnlichen und genussvollen Aspekt. Nur wer gelernt hat, seinen Körper zu genießen, ihm wohlwollend und freundlich gegenüberzustehen, der kann auch beim Essen wirklich aus vollen Zügen genießen. Übrigens, Ihrer Fantasie sind keine Grenzen gesetzt: Sie können Ihren Übungspartner – und später im Wechsel auch sich selbst – in alles verwandeln, was Ihnen in den Sinn kommt. Die Kinder aus der Grundschule meines Freundes spielen, nebenbei bemerkt, am allerliebsten »Pizzabacken«.

Je früher wir ein Gespür für den eigenen Körper entwickeln, desto besser können wir ihn später verantwortungsvoll und gesund behandeln. Unseren Körper liebevoll und im wahrsten Sinne des Wortes zu nähren setzt eine gewisse Sensibilität für unser Wohlergehen und das richtige Einfühlungsvermögen für unsere Bedürfnisse und auch Eigenheiten voraus. Nichtsdestotrotz gilt es freilich auch das Leben zu genießen und das heißt, auch beizeiten »sündigen« zu dürfen.

REZEPT: Kuchenmichl mit Äpfeln
Zubereitungszeit insgesamt
ca. 60 Minuten

Das nun folgende Rezept für Kuchenmichl eignet sich hervorragend zum Sündigen und Schlemmen und verspricht Genuss pur! Kuchenmichl ist in meiner Familie und bei meinen Freunden bei Jung und Alt gleichermaßen beliebt. Traditionell wird diese Mehlspeise, sie stammt ursprünglich aus der Alpenregion, samt Auflaufform in der Mitte des Tisches serviert. Jeder bekommt lediglich einen Löffel in die Hand gedrückt und es wird gemeinsam direkt aus der Form gegessen – ein Spaß für die gesamte Familie.

Für den Kuchenmichl:
- 150 g Weizenmehl Type 405
- 250 ml Milch
- 3 Eier
- 1 EL Zucker
- 1/2 TL Salz
- etwas Butter zum Einfetten der Auflaufform
- 3 große säuerliche Äpfel, z. B. Braeburn oder Elstar, geschält und in feine Scheiben geschnitten – wahlweise, je nach Jahreszeit, entkernte Zwetschgen, frische Himbeeren oder entsteinte Kirschen
- 2 bis 3 EL Zucker
- 1/2 TL Zimtpulver

Mehl, Milch, Eier, Zucker und Salz in eine Schüssel geben und zu einem feinen, leicht flüssigen Teig anrühren. Den Backofen auf 200 °C (Ober-/Unterhitze) vorheizen.
Die Auflaufform großzügig mit Butter einfetten und anschließend den Teig ca. 2 cm hoch einfüllen. Die Äpfel (oder anderes Obst) auf dem Teig verteilen. Ins Rohr schieben und auf mittlerer Schiene ca. 40 bis 45 Minuten goldgelb backen.
Zimt und Zucker miteinander vermischen und über den noch warmen Kuchenmichl geben.
Sofort servieren.

Mit einer Tüte Kartoffelchips auf dem Highway No. 1

Im Norden Kaliforniens, gleich hinter der berühmten Golden Gate Bridge stadtauswärts, erstreckt sich ein unglaublich schöner Landstrich entlang der pazifischen Küste, der sich Marin County nennt. Marin County ist allerdings nicht nur für seine atemberaubende Natur bekannt, sondern auch für seine bereits erwähnten ökologischen Produkte, die in den besten Restaurants des gesamten Landes verarbeitet werden. Deshalb erstaunt es auch nicht weiter, dass dort eine sehr bewusste und achtsame Küche gepflegt wird. Berühmte Zenklöster, Selbstfindungseinrichtungen und klassische Meditationszentren sind dort seit Jahren etabliert und vor allem erstaunlich gut besucht. Liebevolles Kochen und achtsames Essen und Genießen wird regelmäßig, oft im Rahmen von Tageskursen oder mehreren Einkehrtagen, angeboten. Alles gute Gründe für mich, vor einiger Zeit meine Koffer zu packen, um vor Ort mehr darüber zu erfahren.

Doch als ich schließlich in Amerika angekommen war, packte mich erst einmal, rein esstechnisch gesehen, der berühmte »American Way of Life« am Schlafittchen. Ich verfiel regelrecht den mit einem eigenartigen, gelb-weiß gemaserten Käse überbackenen Nachos, kostete Chickenburritos – mit Huhn und Bohnen gefüllte Teigfladen –, schlürfte abends gelegentlich ein Glas Rotwein aus dem nahe gelegenen Napa-Valley und versuchte mich an riesigen Hamburgern mit Büffelfleisch. Auf Letztere kann ich ehrlich gesagt gut verzichten, doch für mich war das trotzdem alles vollkommen neu und richtig spannend.

Angespornt durch meine Cousine, die in Texas lebt und mit der ich jeden Abend telefonierte, um mein anfängliches Heimweh etwas zu lindern, begann ich, mich so langsam und voller Neugier durch die gesamte amerikanische Esskultur zu futtern. Freilich in Maßen und immer mit dem Wissen, dass ich auch noch vollkommen andere Erfahrungen in diesem Land machen würde, schließlich hatte ich mich schon von Deutschland aus bei einigen namhaften Einrichtungen für bewusste Lebensweise angemeldet.

Nichtsdestotrotz gab ich mir also erst einmal innerlich regelrecht die Erlaubnis, mich »ungesund« und unvernünftig ernähren zu dürfen. Und so erinnere ich mich heute noch gerne an einen regnerischen Tag, an dem ich den berühmten Highway No. 1 die Küste entlangfuhr, im Radio jagte ein Gassenhauer den anderen und neben mir auf dem Beifahrersitz lag eine große Tüte Kartoffelchips mit einer sehr merkwürdigen Geschmacksrichtung: Cheddarkäse und Zwiebeln. Mit der einen Hand lenkend, stopfte ich mir mit der anderen, laut und bestimmt sehr falsch singend, diese Chips in den Mund. Das Glücksgefühl, das ich dabei empfunden habe, war schlichtweg überwältigend. Die Quittung kam allerdings prompt: Cheddar- und Zwiebelaromen stießen mir den ganzen Tag über noch recht übel aus den Tiefen meines Magens auf, doch ich litt stumm und Gott sei Dank hatte ich an jenem Tag keinen Beifahrer in meinem Wagen.

Kartoffelchips erinnern mich in erster Linie auch an meine Kindheit, die standen nämlich ganz oben auf der Liste der Dinge, die ich damals am liebsten aß. Erinnern Sie sich auch noch an ein Gericht oder an eine Süßigkeit, die Ihr Herz in Kindertagen so richtig höher schlagen ließen?

In der nun folgenden Übung möchte ich Sie in genau jene Zeit entführen, als ein einzelnes Milchbonbon aus der Hand der Großmutter oder ein Eis am Stiel, spendiert vom Papa, noch die ganze Welt bedeuten konnten, um noch einmal neu dieses Glücksgefühl oder dieses einfache Gefühl von wohligem Genährtsein nachempfinden zu können.

Heutzutage steht bei vielen von uns der Genuss leider nicht mehr allzu hoch im Kurs – oder besser gesagt, viel zu selten oder eher vordergründig. Wir lieben zwar alle diese wunderbaren Kochsendungen, die in der Medienlandschaft wie Pilze aus dem Boden schießen, und decken uns gerne mit den neuesten Kochbüchern und Hochglanzgourmetzeitschriften ein; und ab und zu gönnen wir uns auch eine sogenannte kleine Sünde. Im Großen und Ganzen hat der westliche Schlankheitswahn viele von uns jedoch fest in seinem knochigen Griff, wir achten auf unsere Figur und trainieren unsere Muskeln quasi fettfrei. Oder wir geraten in das andere Extrem und stopfen wahllos Unmengen von ungesundem Zeugs in uns hinein, bewegen uns kaum mehr und werden immer dicker und unglücklicher. Irgendwie ist uns die Balance zwischen Bewegung, Spiel und Essen aus den Kindertagen verloren gegangen und mit ihr diese kleinen, aber feinen Glücksmomente, die zum Beispiel schlichte Pfannkuchen mit Zimt und Zucker hervorrufen konnten, bevor es dann wieder hinaus zum Spielen ging.

BRAUSEBÄLLE
ERDBEER
GARTENSALON
GARTENSALON
Tausend-
füßler
-,30€

AMERIKA

GARTENS

Übung
Glückliche Kindheitserinnerungen wachrufen

Wählen Sie sich für diese Übung eine Süßigkeit oder auch eine Mahlzeit aus, die Sie als Kind wirklich gerne gesessen oder vielleicht sogar mit Leidenschaft verschlungen haben. Wenn Sie sich für ein komplettes Gericht entschieden haben, dann suchen Sie sich bewusst einen Tag in der Woche zum Nachkochen aus, an dem Sie so stressfrei wie möglich in der Küche hantieren können – dieses Gericht sollte schon beim Zubereiten regelrecht zelebriert werden. So signalisieren Sie Ihrem Unterbewusstsein, dass nun etwas ganz Besonderes stattfinden wird. Vielleicht möchten Sie dieses Essen auch zusammen mit Ihrer Familie oder Ihrem Partner kochen, um so gemeinsam alte Kindheitserinnerungen wachzurufen und miteinander zu teilen. Ich erinnere mich beispielsweise noch gut an meine tiefe, regelrecht glucksende Freude, wenn ich nach der Schule nach Hause gekommen bin und mir schon im Hausflur der unwiderstehliche Duft von Schinkennudeln und Tomatensoße entgegenströmte. Und diese Erinnerungen nun heute mit einem lieben Menschen zu teilen, das ist noch einmal eine ganz besondere Freude.

⇢ Haben Sie sich für ein Gericht oder eine simple Süßigkeit – vielleicht ein Eis am Stiel oder ein Stückchen Schokolade – entschieden? Dann machen Sie es sich jetzt damit gemütlich. Vielleicht möchten Sie sich mit Ihrem Teller Pfannkuchen aufs Sofa fläzen oder Ihr Popkorn sogar auf dem Teppichboden direkt vor dem Fernseher aus der Schüssel mampfen. Im Gegensatz zu früher dürfen Sie heute Ihr Lieblingsessen so genießen, wie es Ihnen in den Sinn kommt – schmatzen und knuspern übrigens mit inbegriffen, tun Sie sich bloß keinen Zwang an!

⇢ Nehmen Sie Ihr Eis, Ihre Spaghetti oder das Wiener Schnitzel mit Pommes nun für einen kurzen Moment genau in Augenschein. Welche positiven Erinnerungen verbinden Sie spontan mit diesem Essen?

⇢ Kommen Bilder aus längst vergangenen Tagen hoch? Flirrende Sommertage im Schwimmbad, eine Tüte mit Schokoladeneis in den klebrigen Fingern? Oder die Mutter, wie sie sich lächelnd am Herd umdreht, den Kochlöffel, von dem die geliebte Nudelsoße herunter tropft, noch in der Hand, und einen Begrüßungskuss nach der Schule in Empfang nimmt? Oder vielleicht Pommes mit Ketchup in einer fettigen Papiertüte nach dem Kino mit der ersten großen Liebe?

⇢ Nun beginnen Sie langsam und genießerisch, Ihr Lieblingsessen von damals zu verspeisen. Lassen Sie dabei Ihren Gedanken und Gefühlen freien Lauf, damit sie aus den Tiefen Ihres Herzens nach oben steigen können. Versuchen Sie, so intensiv wie möglich zu schmecken und zu riechen – nehmen Sie alles so intensiv wie möglich war.

⇢ Vielleicht können Sie ja auch irgendwann nicht mehr an sich halten, weil die Schokolade zum Beispiel so verlockend duftet, und Sie beginnen hastig zu schlingen. Keine Sorge, vergessen Sie nicht, alles ist erlaubt! Essen Sie mit den Fingern, wenn Ihnen danach ist. Seien Sie einfach wieder Kind, ohne Beschränkungen und Verbote.

Ah, welch ein Genuss!

Nach diesem kurzen Ausflug in die Vergangenheit haben Sie vielleicht feststellen können, wie sinnlich die Erfahrung des Essens an sich sein kann, wie viel Lust und Freude dieser schlichte Akt der Nahrungsaufnahme bedeuten kann. In unserer schnelllebigen Zeit bleibt diese Sinnlichkeit im wahrsten Sinne des Wortes leider oft auf der Strecke. Manchmal ist es eben angebracht, ein Glas Saft gluckernd die Kehle hinunterrauschen zu lassen, und solange dies nicht gedankenlos und auf vollkommen unachtsame Weise geschieht, sondern voller Freude und Genuss an der eigenen Lebendigkeit, sollten Sie nicht mahnend den Zeigefinger gegen sich selbst erheben. Wir reglementieren und beschneiden uns selbst schon oft genug in unserem alltäglichen Leben, da sind ein paar liebevolle Zonen im sonst stark verminten Verbotsgelände doch recht erholsam.

REZEPT: Vegetarische Pasta Bolognese
Zubereitungszeit insgesamt ca. 1,5 Stunden

Fragt man Kinder heutzutage nach ihren Leibspeisen, dann folgt auf der individuellen Hitliste, meist nach Wiener Schnitzel mit Pommes oder Vanilleeis mit heißer Schokoladensoße, nicht selten Spaghetti Bolognese. Grund genug, das passende Rezept dazu, allerdings in der etwas unbekannteren vegetarischen Variante, an dieser Stelle vorzustellen.

Für die Bolognese:
- 1 TL Zucker
- ca. 2 bis 3 EL Olivenöl
- 1 mittelgroße Zwiebel, geschält, in feine Würfel geschnitten
- 1 bis 2 Knoblauchzehen, in feine Würfel geschnitten
- 1 Zweig frischer Rosmarin
- 2 Zweige frischer Thymian
- 2 EL Tomatenmark
- 1 mittelgroße Möhre, geschält und in feine Würfel geschnitten
- 2 Stangen Sellerie, gewaschen und in feine Würfel geschnitten
- 150 g Sojagranulat (erhältlich im Naturkostladen), ca. 20 Minuten in

kochend heißem Wasser eingeweicht und anschließend durch ein Sieb abgetropft
3 bis 4 mittelgroße Tomaten, in grobe Würfel geschnitten
400 g Tomatenstückchen aus der Dose, entspricht ca. 1 Dose
Salz und Pfeffer
1 EL Butter
frisch geriebener Parmesan

+ 500 g Nudeln Ihrer Wahl, z. B. Spaghetti oder Penne Rigate

Einen mittelgroßen Topf oder eine Pfanne mit hohem Rand trocken auf der Herdplatte erhitzen. Zucker zugeben und karamellisieren lassen, dabei darauf achten, dass der Zucker nicht zu dunkel wird, sonst bekommt die Bolognese später einen bitteren Geschmack.
Olivenöl zugeben und gleichzeitig den Herd auf mittlere Hitze zurückschalten. Falls das Öl zu sehr spritzt, die Pfanne kurz von der Platte nehmen.
Zwiebeln, Knoblauch, Rosmarin und Thymian zugeben und 1 bis 2 Minuten anbraten. Dann das Tomatenmark unterrühren und unter ständigem Rühren ca. 1 Minute mitbraten.
Anschließend Gemüse und Sojagranulat zugeben, gut miteinander verrühren und einige Minuten anschwitzen lassen. Gegebenenfalls 1 bis 2 EL lauwarmes Wasser zugeben.
Nun die frischen Tomaten zusammen mit den Tomatenstückchen aus der Dose unterrühren und nach kurzem Aufkochen die Hitze auf kleine Flamme reduzieren.
Für vegetarische Bolognese gilt die gleiche Faustregel wie für ihre nicht-vegetarische Schwester – je länger die Soße vor sich hin köchelt, desto besser verbinden sich die verschiedenen Geschmacksrichtungen zum charakteristischen Bolognesengeschmack. Also, Deckel drauf und der Bolognese mindestens 45 Minuten Zeit lassen. Traditionelle italienische Mamas schlagen nun sicher ihre Hände über dem Kopf zusammen, denn eine klassische italienische Bolognese mit Hackfleisch köchelt manchmal bis zu fünf Stunden vor sich hin, um dann mit ihrem köstlichen Aroma das gesamte Haus zu erfüllen. Meiner Erfahrung nach sind 45 bis 60 Minuten bei einer vegetarischen Bolognese allerdings vollkommen ausreichend.
Während der letzten 15 Minuten wird dann der Deckel vom Topf genommen, damit sich die Soße noch ein bisschen reduzieren kann.
Zum Schluss mit Salz und Pfeffer abschmecken und zu guter Letzt noch etwas Butter unterrühren.
Inzwischen wurden die Nudeln in einem

großen Topf mit reichlich Wasser und etwas Salz al dente gekocht. Die Pasta durch einen Sieb abseihen und noch heiß unter die fertige Bolognese mischen. Mit frisch geriebenem Parmesan servieren.

Glücksnahrung

Da dieses Buch ja hauptsächlich vom Glück in seinen vielen Erscheinungsformen während des Kochens und Essens handelt, streifen wir selbstverständlich nun auch kurz all jene Nahrungsmittel, die tatsächlich unsere Glücksgefühle steigern können. Rein wissenschaftlich gesehen, veranlassen manche Lebensmittel unser Gehirn dazu, sogenannte Endorphine, also Glückshormone, auszuschütten, wie wir das z.B. von der Schokolade wissen. Doch auch der Banane werden beglückende Eigenschaften nachgesagt, die sich positiv auf unser Gemüt auswirken. Und gewisse Vollkornprodukte, wie beispielsweise die Hirse, fahren im Grunde sanfte »Glücksgeschütze« gegen depressive Verstimmungen auf; ebenso Omega-3-Fettsäuren in Ölen oder Fisch. Sicherlich ließe sich hier vieles aufzählen, doch ist es meiner Erfahrung nach viel wichtiger, dass wir lernen, uns selbst zu beobachten und wahrzunehmen, welches Essen uns guttut und welches nicht. Wie fühlen wir uns danach?

Neben allen wissenschaftlichen Erkenntnissen ist es wesentlich, dass wir alle ein Gespür dafür entwickeln, wann besagte Endorphine sich gerade daranmachen, unser Gehirn zu überschwemmen – da

braucht es wohl keine Extraliste zum Abhaken!
Ich kann mich noch gut an einen gemeinsamen Restaurantbesuch mit einer lieben Freundin erinnern. Nach unserem Mittagessen gönnten wir uns beide vom Dessertbüfett je einen Teller mit einer bunten Mischung aus weichen, dem Gaumen schmeichelnden und angenehm süßen Nuss-, Schokolade- und Früchtecremes. Beim Verzehren dieser luftig leichten Desserttträume wurden wir beide vor lauter Verzückung ganz still. Danach strichen wir uns zufrieden zulächelnd über die gewölbten Bäuche und kamen einhellig darin überein, dass Dessertcremes an sich mit Sicherheit ein ganzes Meer von Endorphinen dazu anregen würden, sich, wohin auch immer, auszuschütten.

Wie wir in unserer unserer Lieblingsgericht-Übung vielleicht bereits entdeckt haben, kann auch ein Nahrungsmittel aus der Kindheit einen regelrechten Glücksflash hervorrufen. Meine Schwester und ich teilen z. B. die gleichen wohligen und freudigen Gefühle, die bei uns, unabhängig voneinander, aufkommen, wenn wir in eine, nun schon oft zitierte Möhre beißen. Unsere Tante hatte nämlich einen Swimmingpool im Garten, der für uns Kinder in den Sommerferien das Höchste der Glückseligkeit bedeutete. Direkt am Kopfende des Beckens wuchsen in einem Gemüsebeet Kopfsalat, Radieschen, Kohlrabi und eben Möhren. Immer wenn uns der Hunger packte, dann zogen wir uns eine erdverkrustete Rübe aus dem Beet und hüpften damit mit lautem Hallo zurück ins Wasser. Noch heute ruft bei uns beiden also der Biss in eine Möhre sofort diese prickelnde Gefühle und Erinnerungen von Sommer, Sonne, Leichtigkeit und reichlich Chlorwasser in der Nase hervor.

Große Tafel oder kleiner Kreis –

von der Freude, sich Gäste einzuladen

»Es ist ein Glück, Gäste zu haben!«
MOTTO AUF DER SPEISEKARTE DES CAFÉ GLÜCK IN MÜNCHEN

Zu einer wahrhaft genussvollen Schlemmermahlzeit gehören für mich unweigerlich auch Gäste, denn was gibt es Schöneres, als gemeinsam zu tafeln? Ein ebenso großer Genuss ist es, selbst ab und zu Gast sein zu dürfen, sei es in einem Restaurant, wo man sich nach Strich und Faden so richtig verwöhnen lassen kann, oder bei Freunden zu Hause. In meiner Heimatstadt München gibt es ein vietnamesisches Restaurant, das sich die Zufriedenheit seiner Gäste ganz groß auf die Fahnen geschrieben hat. Bereits vor der Türe wird im Speisekartenaushang darauf hingewiesen, dass man sich als Gast in diesem Hause nicht scheuen sollte, all seine Wünsche in Bezug auf das Essen den Kellnern gegenüber zu äußern, denn die Köche des Restaurants würden schließlich für ihre Gäste kochen und nicht für sich selbst. Sogar zum Studieren der Speisekarte haben sich die Besitzer des kleinen, aber feinen Restaurants so ihre Gedanken gemacht, damit sich die Besucher rundum wohlfühlen können: Wer Schwierigkeiten hat, die Gerichte zu entziffern, bekommt auf Nachfrage auf einem Tablett nach Dioptrien geordnete Lesebrillen an den Tisch gebracht.

Nun bin ich selbst ebenfalls eine begeisterte Gastgeberin und obwohl ich mitunter sogar beruflich tagsüber den Kochlöffel schwinge, genieße ich es sehr, mir regelmäßig Freunde zum Abendessen einzuladen, um so richtig schön für uns alle aufzukochen. Selbst wenn ich auf Reisen bin, macht es mir Freude, privat für andere, manchmal sogar wildfremde Menschen zu kochen. Dabei ist mir noch lebhaft das erstaunte Gesicht einer Hotelbesitzerin am legendären und landschaftlich wunderschönen Andreasgraben in Erinnerung, als ich eines Tages zu ihr an die Rezeption kam, um sie zum Abendessen in ihrer eigenen kleinen Hotelküche einzuladen. Nach anfänglichem Zaudern ihrerseits – verständlich, denn so etwas passiert ja schließlich auch nicht alle Tage, war ich doch zahlender Gast des Hauses – stimmte sie begeistert zu und wir beide hatten einen ausgesprochen lustigen Abend miteinander.

Der kulinarische Zirkel

Vor einigen Jahren habe ich mit einer Handvoll guter Freunde einen sogenannten Kulinarischen Zirkel ins Leben gerufen. Einmal im Monat treffen wir uns reihum, um gemeinsam zu tafeln. Um diese Zusammenkünfte zu einem wahrlich kulinarischen Highlight für uns alle werden zu lassen, haben wir uns damals ein paar Regeln ausgedacht, die vom jeweiligen Gastgeber, natürlich eher spielerisch, zu beachten sind:

Die Gäste werden nach Strich und Faden verwöhnt! Dies beinhaltet neben einem möglichst unvergesslichen Abendessen auch eine schöne Tischdekoration oder beispielsweise hübsche, einfallsreiche Einladungskarten, die ein paar Tage vorher an uns alle verschickt werden.

Der Gastgeber lässt sich selbstverständlich besondere Gerichte einfallen, denen er seine eigene Note gibt. Individuelle Kreativität ist also gefragt und nicht einfach nur nach Rezeptvorgabe kochen.

Es gibt mindestens ein Drei-Gänge-Menü.

Das Motto des Abends lautet grundsätzlich und immer: »Gemeinsam schlemmen und genießen – ohne Stress und Hektik!« Das heißt für uns alle, dass wir unser monatliches Beisammensein in lustiger und entspannter Runde genießen und wertschätzen.

Manchmal geben wir auch ganz zwanglos Gesprächsthemen in den Einladungen vor, die zu solch einem gemeinsamen Abend passen. So hatten wir schon einige anregende Gespräche und Diskussionen beispielsweise zu den Themen: »Was bedeutet dir Freundschaft?«, »Bist du gerne Gastgeber?« oder »Wie definierst du für dich persönlich Genuss?«.

»Für wen könnte ich heute kochen?«

Übung
Sich freudig auf Gäste einstimmen

In der Regel machen wir uns schon ein paar Gedanken darüber, wie wir es unseren Gästen schön machen können, haben wir einmal eine Einladung ausgesprochen. Wir decken den Tisch im Esszimmer besonders hübsch, holen unser gutes Geschirr heraus und polieren Gläser und Besteck auf Hochglanz. Im Ofen brutzelt ein richtig gutes Stück Fleisch vor sich hin und manchmal machen wir uns sogar die Mühe, die Pasta dazu auch noch selbst herzustellen. Die meisten von uns sind also wahrscheinlich recht gute Gastgeber.

Die nun folgende Übung richtet den Fokus nicht darauf, wie wir uns als Gastgeber noch mehr hervortun können, sondern einzig und allein auf die Gäste.

- Nehmen Sie sich am Tag der Einladung ein paar Minuten Auszeit. Vielleicht am besten, bevor Sie sich in die Küche stürzen, um mit dem Kochen zu beginnen.
- Setzen Sie sich an den Tisch, der später von Ihren Gästen umringt sein wird. Vielleicht ist er ja bereits festlich gedeckt?
- Nehmen Sie sich nun die Zeit, um jeden einzelnen Gast vor Ihrem inneren Auge erscheinen zu lassen. Heißen Sie ihn jetzt schon willkommen. »Wie schön, dass du da bist!«, »Welch eine Freude für mich, dass du kommen konntest!«.
- Was mögen Sie an diesem Menschen besonders gerne?
- Warum haben Sie ihn zu sich nach Hause eingeladen?
- Spüren Sie die Freude, die vielleicht in Ihrem Herzen aufsteigt, wenn Sie sich vorstellen, wie dieser Gast, dieser Freund, diese Freundin bald schon in natura an diesem Tisch sitzen wird, um die Runde zu bereichern und sich Ihr Essen schmecken zu lassen?
- Versuchen Sie, Ihr Herz auf den Besuch, der, vermutlich voller Vorfreude, später an Ihrer Haustür klingeln wird, einzuschwingen. Vielleicht wünschen Sie Ihren Gästen, dass es ihnen heute Abend in Ihrem Haus so richtig gut gehen mag, dass sie in vollen Zügen das Essen genießen mögen und dass am Tisch viel gelacht und geredet wird.
- Nun atmen Sie zum Abschluss noch ein paarmal tief ein und aus – und dann, ab mit Ihnen in die Küche!

Von Käseknödeln und Schweinebraten

Dass dieses wohlige Glücksgefühl, das sich manchmal während oder nach einer wunderbaren Mahlzeit in uns einstellen kann, vielleicht nicht nur an der Freude und dem Genuss am Essen an sich liegt, sondern vermutlich auch noch tiefere Gründe hat, fiel mir eines Tages bei einem Besuch bei meiner Schwester Michaela auf. Den ganzen Sommer über lebt und arbeitet sie in den bayerischen Bergen – unserer gemeinsamen Heimat – auf einer Alm und versorgt dort ihre Tiere. Sie melkt die Kühe, mästet zwei Schweine, kümmert sich um ihre Hühner und verarbeitet nebenher die Milch zu Butter und Käse. Das ist viel Arbeit für so eine zarte Person, doch wann immer es ihre Zeit erlaubt, läuft sie auch noch hinüber zur Nachbaralm, die nur ein paar Schritte von ihrer eigenen Hütte entfernt liegt, um dort in der Küche mitzuhelfen.

Dieser kleine Berggasthof ist ein beliebtes Ausflugsziel für müde Städter und Menschen aus dem Tal und an sonnigen Wochenenden brummt der Laden dort oben, um es salopp zu formulieren. Käseknödel und Pfannkuchensuppe, Schweinebraten und warmer Apfelkuchen finden reißenden Absatz bei den Gästen, die sich nach einem langen Aufstieg auf all diese Köstlichkeiten freuen. Meine Schwester steht dann meist an der sogenannten Ausgabe, einer kleinen Durchreiche zwischen Küche und Gastraum, nimmt Bestellungen an und gibt Essen und Getränke aus. Es gibt nur Selbstbedienung und zu Stoßzeiten zieht sich eine lange Schlange von hungrigen Bergsteigern und Mountainbikefahrern bis hinaus vor die Hüttentür.

Wie eingangs erwähnt, besuchte ich Michaela eines schönen Spätsommertages oben auf der Alm, doch anstatt sie in ihrem Stall bei den Kühen anzutreffen, fand ich sie nach längerem Suchen an ebenjener Durchreiche im Gasthof. Es herrschte ein großes Gedrängel und so stellte ich mich etwas abseits und beobachtete still die Szenerie. Sofort fiel mir auf, dass niemand von den Wartenden ungeduldig oder gar ungehalten gewesen wäre. Einer nach dem anderen kam an die kleine, fensterartige Ausgabestelle und gab seine Bestellung auf. Meine Schwester agierte ruhig und freundlich, gab, über ihre Schulter hinweg rufend, den Wunsch des Gastes an die Küchencrew weiter und wandte sich dann wieder ihrem Gegenüber zu. Die Zeit zwischen Bestellung und Ausgabe überbrückte sie immer mit ein paar Worten. Sie begrüßte alte Bekannte – oft ältere Bauern aus dem Dorf, die schnell auf ein Bier hier

heraufgekommen waren – mit einem Scherz oder mit einer herzlichen Bemerkung. Kleinen Kindern strich sie blitzschnell über den Kopf oder lächelte ihnen aufmunternd zu, wenn sie sich wegen des großen Getümmels um sie herum ängstlich und mit großen Augen an die Schultern ihrer Eltern drückten. Mit Leuten, die ihr fremd waren, sprach sie über das Wetter oder empfahl den noch lauwarmen Käsekuchen zum Kaffee. Mir fiel auf, wie viele Menschen sich freuten, meine Schwester zu sehen, und sei es nur für einen kurzen Wortwechsel. Ständig hörte ich ihren Namen und dazwischen unaufhörlich ihre Stimme, die »Guten Appetit, lassen Sie es sich schmecken!« wünschte oder den nächsten Bekannten mit einem kräftigen »Grüß Gott, wie geht's dir denn?« begrüßte. Und nebenher gab sie auch noch einen nicht enden wollenden Strom an Bestellungen unermüdlich nach hinten in die Tiefen der Küche weiter.
Als ich mich nach einiger Zeit wieder auf den Weg nach unten ins Tal machte, kam mir der Gedanke, dass dieser herrliche Genuss – und das damit einhergehende Glücksgefühl – von Speisen, die uns angeboten werden, nicht nur wie hier in diesem speziellen Fall mit dem anstrengenden Aufstieg, der wunderbaren Aussicht, der gesunden Luft oder mit der Qualität oder einer besonderen Zubereitungsweise von Essen zu tun hat, sondern auch mit der Art, wie uns die Speisen überreicht werden. Michaela hatte jeden Menschen, der an ihre Luke kam, individuell bedient und ihm somit ein Gefühl der Wertschätzung übermittelt, das sich dann in der Wertschätzung und der Freude der Besucher über das gute und leckere Essen fortsetzte. So konnten viele Gäste dann im wahrsten Sinne des Wortes wohlgenährt später wieder von dannen ziehen. Und meine Schwester, ein paar Tage später nach diesem stressigen Tag befragt, erzählte ebenfalls von einem tiefen Gefühl der Zufriedenheit und des Erfülltseins – obwohl sie selbst kaum zum Essen gekommen war.

»Hallo Bauch, wie fühlst du dich nach dem Essen?«

REZEPT: Frische Bergbauernknödel mit Käse
Zubereitungszeit ca. 50 Minuten
ergibt je nach Größe der Knödel
ca. 8 bis 10 Stück

Für die Knödel:

- 500 g altbackenes Weißbrot oder 8 altbackene Brötchen, fein aufgeschnitten
- ca. 3/8 l lauwarme Milch
- 1 EL Butter
- 1 große Zwiebel, geschält, in feine Würfel geschnitten
- 4 EL glatte Petersilie, fein gehackt
- 3 Eier
- ca. 300 g Bergkäse, gerieben
- ca. 1 TL Salz
- 1 Prise Muskat
- evtl. Semmelbrösel, falls der Teig zu feucht ist

+ zerlassene und gebräunte Butter zum Anrichten

Das geschnittene Weißbrot in eine Schüssel geben und mit der erwärmten Milch langsam übergießen. Dabei darauf achten, dass das Ganze nicht zu feucht wird – gegebenenfalls etwas weniger Milch verwenden.

Alles gut durchmischen und ca. 30 Minuten zugedeckt ruhen lassen.

Währenddessen die Butter in einer Pfanne erhitzen. Zwiebelwürfel und Petersilie hineingeben und sanft schmoren, bis die Zwiebeln glasig sind.

Den Pfanneninhalt über die Weißbrotmasse geben. Die Eier aufschlagen und ebenfalls zum Weißbrot geben. Bergkäse, Salz und Muskat dazu und das Ganze nun mit den Händen locker durchmischen, nicht zu fest kneten!

Anschließend die Hände mit Wasser anfeuchten und gleichmäßig runde Knödel formen. Falls die Masse nicht fest genug, also zu feucht und weich ist, Semmelbrösel untermischen.

In einem großen Topf Wasser zum Kochen bringen und anschließend salzen.

Die Knödel ins kochende Wasser legen und sofort die Hitze auf kleine Flamme reduzieren, sodass die Käseknödel nun in ca. 15 bis 20 Minuten gar ziehen können.

Die Knödel mit einer Schaumkelle herausnehmen, kurz abtropfen lassen und in einer Schüssel zusammen mit zerlassener, leicht gebräunter Butter servieren.

You are graceful, my dear

In Fairfax, Kalifornien, nahe der wilden und rauen Pazifikküste, habe ich eines Tages ein ganz außergewöhnliches Restaurant entdeckt: das Café Gratitude. Gratitude heißt übersetzt Dankbarkeit. Ich hielt damals dort, gleich neben dem städtischen Highway, an, um mir ein schnelles Mittagessen zum Mitnehmen zu besorgen. Ich hatte den halben Vormittag bei einem Computerspezialisten verbracht, weil mein Laptop in den USA alle naselang zusammenbrach, und war dementsprechend leicht genervt und verärgert.

Doch schon beim Betreten des Restaurants kam mir eine Aura von Ruhe und Freundlichkeit entgegen. Ich wurde gleich von einem jungen Mann, der sich als Nick vorstellte, in Empfang genommen, diskret nach meinem Vornamen gefragt und an den Tresen für die Bestellannahme geführt. Dann überreichte er mir die Speisekarte mit der Bitte, mir Zeit zu lassen – keine Eile. Und ich brauchte wirklich wider Erwarten sehr lange! Denn was ich da auf der Karte zu lesen bekam, war doch recht ungewöhnlich. Nicht die Gerichte an sich – allesamt vegetarische Vollwertkost, schonend zubereitet –, sondern die außergewöhnlichen Namensgebungen für jedes einzelne von ihnen stachen mir sofort ins Auge und fesselten meine Aufmerksamkeit. Ein einfacher Latte Macchiato hieß da »I am loved« (Ich werde geliebt). Der kleine gemischte Salat trug den wunderschönen Namen »I am satisfied« (Ich bin zufrieden oder Ich bin genährt) und der täglich wechselnde Kuchen mit Früchten der Saison in der Glasvitrine durfte sich »I am creative« (Ich bin kreativ) auf seine goldgelben Streusel schreiben; und in diesem Stil ging es in einem fort, die gesamte Karte rauf und runter.

Doch es kam noch viel besser: Nachdem ich mich für ein asiatisches Gemüsecurry namens »I am graceful« (Ich bin anmutig, elegant) entschieden hatte und nach einer kurzen Wartezeit Nick mit einer sorgfältig verschlossenen braunen Schachtel aus der Küche zurückgekommen war, sagte dieser mit dem vollsten Brustton der Überzeugung zu mir: »Susanne, you are graceful!«, und schrieb dies auch gleich noch auf meine hübsche Box. Zu guter Letzt erzählte er mir, dass kein Gast ohne die Frage des Tages auf den Weg nach Hause geschickt würde, die da an diesem Tag lautete: »Wer hat dir heute schon Liebevolles zukommen lassen, in welcher Form auch immer?«

Diese Frage konnte man, wenn man wollte, gleich laut beantworten oder in seinem Herzen mit nach draußen in den Tag nehmen. Ich entschied mich für das Letztere und ging beschwingt zur Tür hinaus. Schon auf dem Parkplatz fiel mir Mohamed ein, mein rettender Computer-Engel vom Vormittag, den ich seit meiner Ankunft in Kalifornien schon mehrmals hatte aufsuchen müssen und der nach einer ersten, sehr fairen Rechnung nie wieder auch nur einen Cent von mir für seine Dienste verlangt hatte. Ich konnte ihn immer und jederzeit anrufen und eine Stunde später saß ich meist schon in seinem Laden und er nahm sich des Laptops und seiner aufgebrachten Besitzerin liebevoll an. Ja, Mohamed war an jenem Tag mit Sicherheit die richtige Antwort auf die Frage des Café Gratitude!

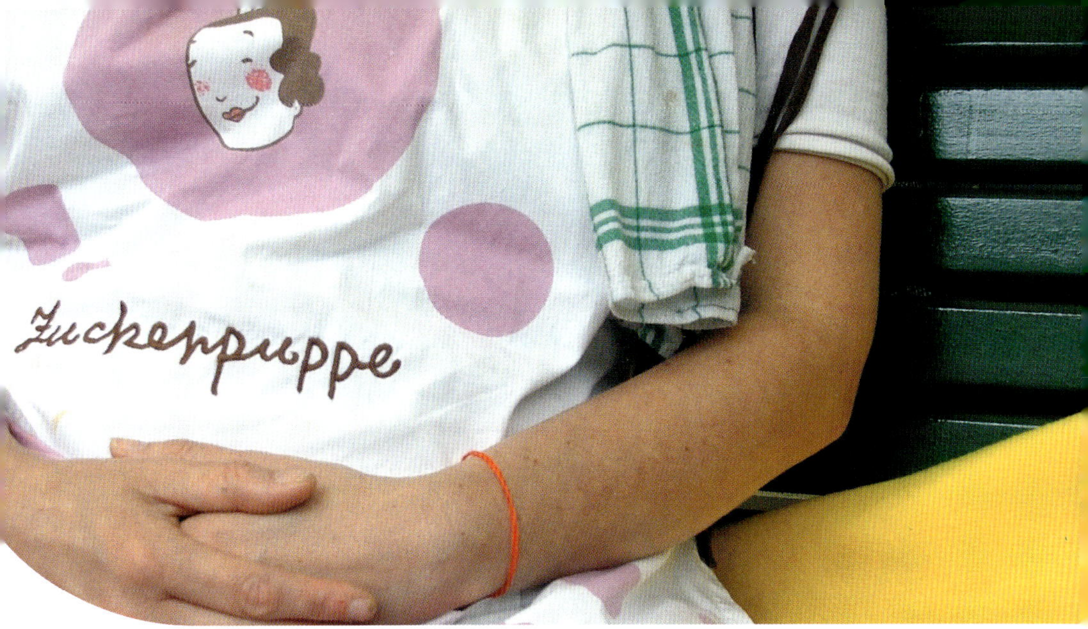

Übung
Kurzes Innehalten

Es lohnt sich, immer wieder am Tag den Fokus bewusst auf etwas Positives zu richten. Wir scheinen in unserer Gesellschaft ein kollektives Ausrichten auf das Negative zu trainieren, deshalb sollten wir uns durchaus immer mal wieder erlauben, die Dinge mit anderen Augen zu betrachten. Schönes geschieht ja ständig, nur mit unseren Negativgläsern vor den Augen können wir es nicht sehen.

- Setzen Sie sich einen Augenblick in Ruhe hin.
- Vielleicht schließen Sie sogar die Augen.
- Wer hat Ihnen heute schon etwas Liebevolles zukommen lassen?
- Wem könnten Sie heute noch etwas Liebevolles zukommen lassen?
- Wie könnten Sie sich selbst eine Freude machen?

Doch nicht nur die Mitarbeiter des Café Gratitude überschlugen sich förmlich an Freundlichkeit und zuvorkommendem Service ihren Gästen gegenüber, überhaupt habe ich viele Amerikaner in privaten Kreisen als ausgesprochen gastfreundlich erlebt und auch die eingeladenen Gäste steuern dort in der Regel das Ihre bei, damit das gemeinsame Mahl noch schöner und abwechslungsreicher wird. So ist es in manchen Teilen des Landes durchaus üblich, dass jeder der geladenen Gäste selbst etwas zum Essen mitbringt. Das Ganze läuft vollkommen unkompliziert ab, es wird also vorher nicht groß herumtelefoniert, was es denn überhaupt gibt, damit das Mitgebrachte zum Gastmahl passt. Jeder bringt einfach mit, worauf er Lust hat oder was der heimische Kühlschrank gerade so hergibt. Da kann es schon mal passieren – wie bei einem der Abendessen, bei dem ich zu Gast sein durfte –, dass sich drei Leute auf Blumenkohl, in allen möglichen Varianten, eingeschossen haben, und so wurde eben spontan und unter großen Hallo das Abendessen zur Blumenkohlparty umfunktioniert.

Auf besagter Party erzählte mir dann auch Allan, übrigens ein leidenschaftlicher Hobbykoch und auch einer der Blumkohlsalatlieferanten an jenem Abend, von seinen letzten Ferien in einem Nationalpark irgendwo in den Weiten der Vereinigten Staaten. Dort besuchte er eines Abends mit seiner Frau ein ungewöhnliches Gasthaus, das dieser Bezeichnung im wahrsten Sinne des Wortes alle Ehre machte. Die Besucher wurden nämlich erst einmal freundlich in einer Art Lounge empfangen und dort mit einem Drink, der selbstredend auf Kosten des Hauses ging, bewirtet. Die Atmosphäre am flackernden Kamin war entspannt und heimelig. Die Wirtsleute saßen bei ihren Gästen und beteiligten sich angeregt an den Unterhaltungen, die sich hauptsächlich um das Reisen und die wunderbare Natur im nahe gelegenen Park drehten. Immer wenn sich etwa an die zehn Personen in der Lounge eingefunden und Zeit gehabt hatten, sich gegenseitig zu beschnuppern, wurden sie anschließend in den Gastraum gebeten und an Tische mit je zehn Stühlen platziert. So entstand schon zu Beginn des Abends eine familiäre Situation, die es den vielen Alleinreisenden, die in dieser Gegend unterwegs waren, leichter machte, im Restaurant beim Abendessen Anschluss zu finden. Soweit ich informiert bin, sind Allan und seine Frau mit einigen Leuten, die sie damals in ihrer individuellen Tischrunde kennengelernt haben, heute noch in freundschaftlichem Kontakt verbunden.

Ein paar Wochen nach der legendären Blumenkohlparty war ich mit einer Freundin in San Francisco essen und in dem Restaurant dort fiel uns sofort ein großer, runder Tisch direkt in der Mitte des Raumes auf, der für jene Gäste reserviert war, die allein zu Mittag oder zu Abend essen. Ein hübsch gemalter und beschriebener Zettel lud diese Gäste an den besagten Tisch ein, um miteinander in Kontakt zu kommen. Übrigens, ist es Ihnen auch gleich aufgefallen: Hierzulande werden einzelne Gäste meist an kleine, nicht sehr komfortable Tische verwiesen, die in der Regel nicht den allerschönsten Blick über das Lokal bieten. Wenn sie Pech haben, werden sie auch noch zu allem Übel in der Nähe der Toiletten platziert. In dem Restaurant in San Francisco stand der Tisch für Singles und Einzelpersonen sehr einladend und nicht zu übersehen, direkt in der Mitte des Ladens.

REZEPT: Shantis Orangen-Kokos-Kekse
Zubereitungszeit ca. 60 Minuten, inklusive Ruhezeiten und 10 bis 12 Minuten Backzeit
ergibt ca. 40 Stück

Diese Kekse sind wunderbar dafür geeignet, Gäste zu beeindrucken und sie nebenbei auch noch rundum glücklich zu machen. Machen Sie sich darauf gefasst, dass alle nach diesem Rezept fragen werden, und halten Sie schon mal ein paar Kopien bereit. Auf den ersten Blick scheint die Zutatenliste der Kekse etwas aufwendig, doch die Mühe lohnt sich!

Trockenzutaten:
150 g Kokosraspeln
50 g Mandeln, gemahlen
150 g Reisvollkornmehl
100 g Buchweizenvollkornmehl
100 Dinkelmehl Type 630
1 Päckchen Backpulver
1/4 TL Salz
1 TL Koriander, gemahlen

Feuchtzutaten:
150 ml Ahornsirup
200 ml Sonnenblumenöl – wahlweise Blutorangen-Olivenöl oder Zitronen-Olivenöl, das macht die Kekse noch fruchtiger im Geschmack (beides gibt es manchmal in gut sortierten Feinkostläden zu kaufen)
Saft von 1 Orange
Schale von 1 unbehandelten Orange, fein gerieben
Saft von 1/2 Zitrone

Alle Trockenzutaten in eine große Schüssel geben, miteinander vermischen und beiseitestellen.
Nun die Feuchtzutaten in einer weiteren Schüssel miteinander verrühren.
Anschließend alles zusammenfügen und locker miteinander verrühren, dabei darauf achten, dass der Teig nicht zu sehr verklumpt.
Schüssel beiseite stellen und den Keksteig 5 bis 10 Minuten ruhen lassen.
Währenddessen den Backofen auf ca. 190 °C (Ober-/Unterhitze) vorheizen.
Zwei Backbleche mit Backpapier auslegen.
Nun mit den Händen kleine Teigbällchen formen und auf dem Backblech etwas platt klopfen.
Kekse ca. 10 bis 12 Minuten auf mittlerer Schiene im Ofen goldbraun backen.
Anschließend ca. 10 Minuten auskühlen lassen, bevor sie vom Blech genommen werden – unsere Shanti-Köstlichkeiten fallen sonst leicht auseinander.

Das vorangegangene Rezept für Shantis Kekse stammt aus Kalifornien. Die Köche des Meditationszentrums Spirit Rock backen sie manchmal im Rahmen von längeren Seminaren für alle Kursteilnehmer – und es ist jedes Mal schon allein für sich ein Fest, wenn diese Cookies ihren charakteristischen Duft verströmen.

Teilen macht Freude

Die Begriffe »Dienen« und »Teilen« mögen in unserer modernen Zeit recht antiquiert und altmodisch daherkommen und doch haben sie, wie ich finde, in der Tiefe ihren Sinn – gerade bei der Bewirtung von Gästen! – und können sogar außerordentliche Glücksmomente hervorrufen. Shantis Orangen-Kokos-Kekse sind ein wunderbares Beispiel dafür. Nebenbei bemerkt, hat das Wort »Shanti« seinen Ursprung im Sanskrit und bedeutet übersetzt »Frieden«. Immer wenn die Köche von Spirit Rock beschließen, Shanti-Kekse, also Friedenskekse, zu backen, begibt sich einer von ihnen in einen Nebenraum der Küche, krempelt die Ärmel hoch und beginnt den Teig herzustellen. Dies bedeutet zusätzliche Arbeit im täglichen Kochstress, doch in Vorfreude auf die glücklichen Gesichter der Gäste, liegt meist ein breites Lächeln auf dem Gesicht desjenigen, der mit der Zubereitung beauftragt wurde. Mit wahrer Hingabe werden der Teig hergestellt und anschließend die fragilen Rohlinge auf den Backblechen verteilt. Gegen Abend hin, wenn alle Kekse bis auf den letzten Krümel verspeist sind, wird die Küche meist regelrecht überrollt von Menschen, die nach dem Rezept fragen oder die sich schlichtweg nur bedanken möchten. Und da die Stückzahl in der Regel begrenzt ist, können sich die Gäste auch noch im Teilen üben. So lag eines Tages ein einzelner Shanti-Keks auf der Türschwelle meines Zimmers; irgendein mir bis heute unbekannter Engel hatte wohl bemerkt, dass ich leer ausgegangen war.

TISCHSEGEN VON THICH NHAT HANH, VIETNAMESISCHER ZEN-MEISTER:

»Meine Schale, die noch leer ist, wird bald mit kostbarem Essen gefüllt sein.
Überall müssen Wesen um ihr Überleben kämpfen.
Wie glücklich kann ich mich schätzen, dass meine Schale gefüllt wird.
In diesem Essen erkenne ich die Anwesenheit des ganzen Universums.
Es ermöglicht mein Leben.«

Angebrannte Milch und viel zu weiche Nudeln —

vom gelassenen Umgang mit Küchenfrust und Pannen

»Ein perfektes Omelette kann etwas furchtbar langweiliges sein«
JULIA CHILD, AMERIKAS FERNSEHKÖCHIN DER ERSTEN STUNDE, IN EINER IHRER KOCHSENDUNGEN

Pannen-Outing

Dieses Kapitel beginnt mit einer traurigen Geschichte, wie Liebesgeschichten eben so sind, wenn sie enden. Um mich kurz zu fassen, eines Tages beendete mein Freund unsere Beziehung. Ich war wie vor den Kopf gestoßen und als er endlich gegangen war und mich in meinem Elend zurückgelassen hatte, gähnte vor mir eine lange, schlaflose Nacht, an deren Ende morgens um sieben Uhr ein anstrengender Kochtag im Bistro auf mich wartete. Ich war an jenem Tag für das Pastagericht und die Tagessuppe verantwortlich, was im Klartext bedeutete, dass in der Mittagszeit an die 50 Bestellungen an meinen Posten gehen würden.

Es muss ja nicht gleich Liebeskummer sein, doch im Endeffekt kennen wir sie alle, diese Tage, an denen wir uns zu nichts in der Lage fühlen und wir trotzdem im täglichen Getriebe mehr oder weniger gezwungen sind, irgendwie zu funktionieren. Ich jedenfalls stürzte mich todesmutig mit tiefdunklen Rändern unter den Augen und zittrigen Knien an den Herd und begann erst einmal, wahllos Gemüse für eine Kartoffel-Kraut-Suppe zu schälen, klein zu schneiden und in den Suppentopf zu werfen. Um es vorwegzunehmen: Das Rezept für diese Suppe erspare ich Ihnen lieber! Leider verwechselte ich das rote Paprikapulver mit Chili und so wurde meine Suppe höllisch scharf und für meine Gäste, die an milde, ausgewogene Gerichte in unserem Laden gewöhnt sind, nahezu ungenießbar.

Doch das war längst noch nicht alles an diesem Tag! So landete beispielsweise ein klitzekleiner Teil der Fingerkuppe meines rechten Zeigefingers beim Tomatenschneiden im Beilagensalat – ich habe sie Gott sei Dank wieder gefunden, wir sind schließlich ein vegetarisches Bistro! Und die Zucchini-Estragon-Soße für das Pastagericht schmeckte nach vielem, nur nicht nach Estragon und Zucchini, wobei Letztere ja für sich gesehen – zu meiner Ehrenrettung – wenig Eigengeschmack haben. Alles in allem durchlebte ich einen Horror-Küchentag und mir war richtig bange, wie meine geliebten Stammkunden auf das vermurkste Essen reagieren würden. Also beschloss ich, in die Offensive zu gehen. Ich begann zunächst meinen allerliebsten Kunden von meinen Pannentag und dem Herzschmerz, der ihn ausgelöst hatte, zu erzählen. Dann drehte ich eine Runde durchs Lokal und sprach jene Gäste, die mit knallrotem Kopf meine »Chilisuppe« löffelten, direkt auf mein Missgeschick an. Auch all diejenigen, die lustlos in ihren Nudeln herumstocherten, bekamen von mir eine Erklärung, warum das Essen in ihrer wohlverdienten Mittagspause so nichtssagend schmeckte.

Die Resonanz auf mein »Pannen-Outing« war schier umwerfend. Ich wurde gedrückt und umarmt. Ich bekam Schokolade gegen den Liebeskummer geschenkt und es regnete regelrecht gute und mitfühlende Worte auf mich und mein wundes Herz. Das verpatzte Essen trat dadurch nicht nur für mich, sondern auch für viele meiner Gäste völlig in den Hintergrund. Als meine Schicht beendet war, verließ ich glücklich und in der Tiefe meiner Seele auf eine ganz andere, spezielle Weise sehr genährt, das Bistro. Noch heute denke ich voller Dankbarkeit und sehr gerührt an diese Begebenheit zurück – mit der schönen Gewissheit, dass meine Gäste mir all meine Pannen an jenem Tag verziehen haben. So ist mein Fazit aus dieser Erfahrung, dass es besser ist, die Fehler und Pannen, den Frust und die Unzulänglichkeiten nicht zu vertuschen, sondern offen damit umzugehen – das bezieht sich selbstverständlich nicht nur auf unsere Erfahrungen in der Küche. In den meisten Fällen erntet man dadurch Wohlgefallen und Mitgefühl – und das kann auch sehr glücklich machen, und sei es nur für einen kurzen Moment.

Apropos Mitgefühl! Wie ist es eigentlich mit Ihrem Mitgefühl sich selbst gegenüber bestellt, wenn mal wieder alles schiefgeht – sei es in der Küche oder sonst wo in Ihrem Alltag? »Achtsames Kochen ist keine distanzierte Tätigkeit, bei der man achtsam ist und nebenher auch noch kocht, sondern ein Tun, bei dem der komplette Mensch, samt Körper, Geist und allen Gefühlen, die damit einhergehen, involviert ist«, sagte der nun schon wahrlich vielfach in diesem Buch zitierte Küchenmeister Edward Espe Brown in einem amerikanischen Zeitschrifteninterview. In diesem Interview erzählte er dann auch im Weiteren von den sogenannten »dunklen Zeiten« in der Küche, mit all dem Frust, dem Stress und den vielen Pannen, die hinter dem Herd passieren können. Tauchen diese schwarzen Wolken am Küchenhorizont auf, dann rät der Meister, sie erst einmal bewusst zur Kenntnis zu nehmen, sich aber im Weiteren auf die Arbeit, die gerade ansteht, zu konzentrieren. Ähnlich wohl wie ein Bauer, der ein Gewitter in der Ferne aufziehen sieht, es wachsam und interessiert zur Kenntnis nimmt und sich daraufhin hochkonzentriert daranmacht, das Heu einzubringen, damit er fertig wird, bevor der erste Platzregen alle Arbeit des Tages zunichtemacht.

Übung
Wenn alles schiefgegangen ist

In einem Buch eines weiteren amerikanischen Zenkochs namens Tom Pappas entdeckte ich folgende »Antistresstipps vom Küchenchef für professionelles Küchenpersonal«, die ich für Sie abgewandelt habe, da die Tipps auch wunderbar für uns Laien bei Stress und Pannen in der Küche anwendbar sind, nämlich dann zum Beispiel, wenn sich Ihre Gäste bereits zum Abendessen eingefunden haben und Sie sich nicht die Blöße geben wollen, dass gerade alles schiefgelaufen ist:

- Um nach einer Panne oder nach einem besonders hektischen Kochablauf in der Küche unauffällig durchatmen zu können, gehen Sie zum Kühlschrank, öffnen Sie die Tür und starren Sie eine Zeit lang scheinbar angestrengt ins Innere, so als ob Sie nach etwas Bestimmtem suchen würden. Haben Sie sich innerlich beruhigt, schließen Sie die Kühlschranktür wieder und begeben Sie sich zurück an Ihren Arbeitsplatz.
- Eine weitere Möglichkeit, Stress oder auch Wut abzubauen, besteht darin, dass Sie beginnen, in der Küche stramm auf und ab zu gehen.

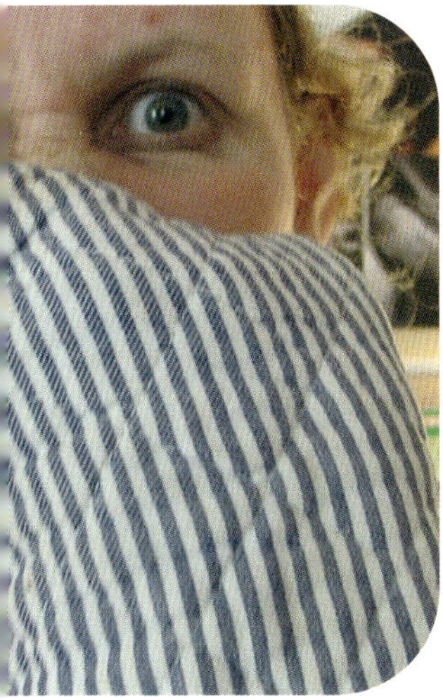

Täuschen Sie Geschäftigkeit vor, als wären Sie in tiefen, kreativen Gedanken über den nächsten Kochvorgang versunken. Dabei ist es z. B. von Vorteil, scheinbar gedankenverloren mit einem Kochlöffel, wie mit einem Dirigentenstab, in der Luft herumzustochern, das erhöht die Glaubwürdigkeit. Fahren Sie mit Ihrem kleinen Küchenspaziergang fort, bis Sie entspannt zu Ihren Töpfen auf dem Herd zurückkehren können.

→ Oder greifen Sie scheinbar sehr geschäftig nach einem im Grunde schon blitzeblanken Weinglas und beginnen Sie, es hingebungsvoll zu polieren. Wenn Sie möchten, dann täuschen Sie diese Hingabe einfach nur vor und atmen Sie dabei ein paarmal tief ein und aus. Es hilft aber auch ungemein, wenn Sie sich tatsächlich auf das simple Polieren des Glases konzentrieren. Die erhöhte Aufmerksamkeit auf ein bestimmtes Tun erlaubt Ihrem Körper, sich zu entspannen und den Atmen ruhiger werden zu lassen. Anschließend können Sie sich erfrischt daranmachen eventuelle Pannen zu beheben oder einfach gelassener in Ihren Töpfen zu rühren.

REZEPT: Zitronenkuchen
Zubereitungszeit ca. 20 Minuten,
Backzeit ca. 60 bis 70 Minuten

Das Rezept für diesen Zitronenkuchen kursiert schon lange in unserer Familie. Seit ich ein kleines Mädchen bin, bekomme ich diesen Kuchen von meiner Mutter zu besonderen Anlässen gebacken. Sie schickt ihn mir heute noch zu jedem Geburtstag oder wenn ich von einer langen Reise müde und erschöpft zurückkomme oder einfach nur zum Trost, wenn mal wieder alles schiefgegangen ist. Manchmal klingelt der Postbote mit dem duftenden Paket auch, wenn meine Mutter sich über mich gefreut hat, als kleines Dankeschön.
Vielleicht werden Sie beim Durchlesen des Rezepts etwas erstaunt sein, denn unser Zitronenkuchen entpuppt sich als simpler Rührkuchen, der trotzdem mit Sorgfalt und Achtsamkeit gebacken werden möchte, um sein herrliches Wesen voll entfalten zu können. Nach so einem richtig stressigen Frusttag ist dieser einfache Kuchen genau das Richtige – glauben Sie mir!

Für den Kuchen:
200 g Butter, sehr weich, um sie gut schaumig schlagen zu können
4 Eier, Zimmertemperatur
125 g Weizenmehl Type 405
125 g Stärke
1 gestrichener TL Weinsteinpulver (erhältlich in Naturkostläden) – wahlweise Backpulver
Schale von 1 unbehandelten Zitrone, fein gerieben
+ reichlich Butter und Semmelbrösel zum Einfetten und Ausstreuen der Backform

Für den Guss:
5 bis 6 EL Puderzucker
ca. 3 bis 4 EL Zitronensaft

+ 2 EL Kokosraspeln – wahlweise bunte Liebeszuckerperlen (in den Backwarenabteilungen diverser Supermärkte erhältlich) zum Bestreuen

Zuerst die Butter in eine große Schüssel geben und mit einem Rührgerät schaumig schlagen.
Nun die Eier – eines nach dem anderen – aufschlagen und einzeln unterrühren.
Danach den Zucker langsam unter Rühren einstreuen. Es entsteht eine luftige, eigelbe, schaumige Masse.

Zwischendurch den Backofen auf 175 °C (Ober-/Unterhitze) vorheizen.

Nach dem Zucker folgen zusammen und gut miteinander vermischt das Mehl, die Stärke und das Weinsteinpulver. Nicht alles auf einmal zugeben, sondern schön langsam unterrühren.

Zum Schluss die Zitronenschale mit dem glatten Teig, der nun entstanden ist, vermengen.

Anschließend eine geeignete Kastenbackform oder eine Guglhupfform gut mit Butter ausfetten; achten Sie dabei darauf, dass auch die Ecken oder Rundungen von Butter bedeckt und ausgefüllt sind.

Semmelbrösel einstreuen und wieder darauf achten, dass die gesamte Form innen damit regelrecht ausgekleidet ist. Fett und Semmelbrösel erleichtern das spätere Auslösen des Kuchens. Überschüssige Semmelbrösel ausklopfen.

Jetzt folgt für mich persönlich der schönste Teil des Backens: den Teig in die Backform einfüllen – und die verbleibenden Reste in der Schüssel und an den Rührstäben genüsslich aus- bzw. ablecken. Mmh, es geht doch nichts über einen kleinen, unverhofften Glücksmoment!

Die mit Teig gefüllte Form nun in den Ofen schieben und den Kuchen auf mittlerer Schiene in ca. 60 bis 70 Minuten goldbraun backen.

Gegen Ende der Backzeit Stäbchenprobe machen. Ist das Holzstäbchen noch mit Teig bedeckt, nachdem Sie es aus dem Kuchen gezogen haben, dann braucht der Zitronenkuchen noch ein paar Minuten.

Nach dem Backen den Kuchen etwas abkühlen lassen, dann den Rand mit einem Messer von der Form lösen und aus der Form stürzen.

Für den Kuchenguss Puderzucker und Zitronensaft in einer kleinen Schüssel miteinander verrühren, anschließend den noch lauwarmen Kuchen damit bestreichen.

Zum Schluss Kokosraspeln oder Liebesperlen darüberstreuen, Letztere heben die gute Laune ungemein. Sie können aber auch einfach nur Puderzucker über Ihren Kuchen stäuben oder seine Oberfläche mit einer Schicht dunkler Schokoladenkuvertüre überziehen.

Liebeserklärung an ein paar alte Geschirrhandtücher

Ich hatte mich in einem namhaften Meditationszentrum für die Stelle als Küchenhilfe während eines vierwöchigen Seminars, das auch noch im Schweigen stattfinden sollte, beworben und nach vielen Formularen, die ich auszufüllen hatte, und einigen Telefonaten trat ich endlich meine Stelle an. Doch sehr schnell stellte sich heraus, dass mein neues Aufgabengebiet im Großen und Ganzen eine Etage tiefer, unterhalb der Küche, nämlich in der Waschküche, angesiedelt war. Zwar hatte ich auch einige Handlangerdienste in der Küche zu erledigen, manchmal ein bisschen Gemüse schneiden oder etwa die langen Regale entlang der Küchenwände mit Grundnahrungsmitteln aufzufüllen und schwere Ölkanister von hier nach da zu schleppen, doch mein Hauptaufgabengebiet wurde das Waschen der schmutzigen Geschirrtücher und der vielen Schürzen, die von den sechs Köchen und den vielen freiwilligen Helfern, die wie ich das Seminar besuchten, täglich benutzt wurden.

Meine Enttäuschung war groß, war ich doch extra den weiten Weg von Deutschland nach Amerika gekommen, um in diesem berühmten Zentrum achtsam zu kochen – und nun dies! Da das Ganze auch noch im Schweigen stattfand, wurde ich lediglich kurz in meine Arbeit eingewiesen und konnte mich danach nicht einmal mehr beschweren. Und schon am ersten Tag türmten sich Berge von schmutzigen Geschirrhandtüchern in den zwei Waschkörben unter dem großen Spülbecken in der Küche. Grummelnd schmiss ich die beiden Waschmaschinen im Souterrain an und war, ehrlich gesagt, nahe dran, das ganze Projekt hinzuschmeißen.

So verliefen die ersten Tage schleppend und ich haderte sehr mit meinem Schicksal. Doch eines Mittags, ich holte gerade die x-te Ladung weißer Handtücher – weiß und bunt mussten immer peinlichst genau getrennt werden – aus einem der Trockner, überkam mich ein eigenartiges Gefühl von Liebe für diese alten Lumpen. Mir wurde schlagartig klar, dass ohne meine sauberen Handtücher dort oben, in den von mir so ersehnten höheren Sphären, nämlich der Küche, rein gar nichts lief. »Meine« alten Lappen waren sogar enorm wichtig im täglichen Küchenalltag – und die Schürzen natürlich auch. Ohne die weißen Geschirrhandtücher konnten die vielen Hände, die dort werkelten, keine Töpfe und Pfannen abtrocknen, kein einziger Teller könnte trocken gerieben werden und das Besteck und die scharfen Küchenmesser würden triefend nass in den Schubladen landen.

Die farbigen Tücher wurden vor allem zum Saubermachen der Tische und der schmutzigen Arbeitsflächen verwendet. Ohne meine knallbunten Gefährten wäre die Küche recht schnell völlig verdreckt und unansehnlich. Tja, und ohne mich, die mehrmals täglich die vollen Waschkörbe lehrte und frisch duftende, sauber gefaltete Geschirrtücher wieder nach oben zurückbrachte, wäre die anstrengende Arbeit der Köche auch nicht zu schaffen, denn sie müssten sich ja dann auch noch um die Handtücher kümmern. Sowohl ich als auch meine alten Lumpen und Tücher waren also, wenn vielleicht auch recht kleine, so doch wichtige Zahnrädchen im großen Küchengetriebe. Von diesem Moment an änderte sich schlagartig meine Einstellung zu der bisher ungeliebten Arbeit. In meinem Herzen breitete sich eine Art stille Zufriedenheit aus, die mich die ganze Zeit über, während ich dort arbeitete, nicht mehr verließ. Als dann nach zwei Wochen schließlich doch noch ein Zettel am Schwarzen Brett hing, dass ich von nun an ab und zu auch ein bisschen in den Kochtöpfen rühren dürfe, lehnte ich dankend ab – wer hätte sich denn sonst um meine Geschirrhandtücher gekümmert!

Seien Sie nett zu sich selbst

Erinnern Sie sich noch an den Satz von Ed Brown über die dunklen Zeiten, die auch den Küchenalltag überschatten können? Er rät uns, die Gefühle, die damit verbunden sind – Aversion, Stress, Wut – schlicht zur Kenntnis zu nehmen; sie also nicht ungesehen durch Körper und Geist ziehen zu lassen, sich jedoch auch nicht von ihnen in Gänze einnehmen zu lassen. Denn wenn Ersteres passiert, dann nisten sich diese unangenehmen Gesellen häuslich ein und grummeln im Untergrund unablässig weiter. Und wenn Sie sich von Ihren Gefühlen überrennen lassen, dann bleibt für alles andere kein Raum mehr.

Alles schön und gut, werden Sie nun zu Recht einwerfen, was aber, wenn ich mir Gäste eingeladen habe und ich feststellen muss, dass mein Braten, anstatt butterweich und saftig, die Bratröhre so zäh wie altes Schuhleder verlässt? Stattdessen Butterbrote schmieren und den Braten zum Fenster rausschmeißen? Nun, beides kann eine Alternative sei – Butterbrote haben, rein kulinarisch gesehen, durchaus einiges zu bieten und der Nachbarshund würde sich sicher auch über ein Stückchen Fleisch zusätzlich freuen!

Meine oberste Devise lautet in solch einem Fall jedoch: Sei erst einmal nett zu dir selbst! Also nicht gleich innerlich losschimpfen, was für ein elendiger Versager – oder Versagerin – ich nun schon wieder bin, sondern sich mal wieder an unsere gute alte Großmutter auf der Spielplatzbank erinnern (siehe Seite 14/15), kurz innehalten und sich selbst mit liebevollen Augen betrachten.

Indische Linsenbällchen in Joghurtsoße

Mein erster Kochkurs, mit dem Schwerpunkt »Indische Küche«, fand in der Schauküche eines noblen Sternerestaurants statt. Der Sternekoch Markus Bischoff und ich hatten einen gemeinsamen Tag mit einem Fünf-Gänge-Menü, das ich zubereiten sollte, und einem Technikteil, den er abhielt, ausgeschrieben und es hatten sich zehn Leute angemeldet: Der Kurs war somit voll ausgebucht. Markus Bischoff wetzte also begeistert seine Messer, um den Gästen zu zeigen, wie man Fisch tranchiert und Hummer aus seiner harten Schale elegant löst, ohne von oben bis unten vollgespritzt zu werden. Mein Menü war, wie ich fand, auch nicht von schlechten Eltern und würde den hohen Ansprüchen der durchwegs professionell eingestellten Teilnehmer hoffendlich genügen. Auf Platz drei des Menüplans standen, als exquisite Zwischenhäppchen gedacht, kalte Linsenbällchen in einer mit Kreuzkümmel und Garam Masala aromatisierten Joghurtsoße. Dies war dann auch das erste Gericht des Tages, das ich gemeinsam mit meinen Gästen zuzubereiten hatte, damit es anschließend im Kühlschrank gut auskühlen konnte.

Der erste und der zweite Gang kamen gut an bei den Gästen und auch mein Sternekoch nickte zufrieden – schließlich war dieser Kurs ja auch als Bewährungsprobe für eine weitere Zusammenarbeit gedacht. Ich wischte mir also zufrieden den anfänglichen Angstschweiß von der Stirn und begann, die Linsenbällchen samt Soße anzurichten und zu servieren. Als

Erstes griff Markus Bischoff beherzt zur Gabel. Sein Gesicht, nachdem er das kleine Bällchen hinuntergewürgt hatte, sprach allerdings Bände. Da musste irgendetwas gründlich danebengegangen sein! Mittlerweile sah ich am ganzen Tisch nur bestürzte und angeekelte Minen. Ich kostete vorsichtig – und tatsächlich, die Dinger waren ungenießbar. Was nun? Eine Panne auf gehobenem Niveau konnte ich mir nun wirklich nicht leisten! Ich schluckte tapfer das ganze Zeug, das meine Mundhöhle unangenehm ausfüllte, hinunter und begann mit einem haarsträubenden Vortrag über die »wahre indische Küche«, die man in den indischen Restaurants außerhalb des Subkontinents niemals finden würde. Um meinen Gästen überhaupt ein Gefühl dieser wirklich authentischen Küche geben zu können, hätte ich also nun dieses Gericht in den Menüplan eingebaut, wohl wissend, dass die Linsenbällchen für unsere Gaumen absolut gewöhnungsbedürftig, ja geradezu ungenießbar seien.

»Das war nicht abgesprochen!« konnte ich aus den scharfen Blicken, die mein Sternekoch mir zufunkelte, deuten. Doch nach einem kurzen, erstaunten Schweigen begannen meine Gäste eine angeregte und intensive Diskussion über traditionelle Länderküchen – und ich war aus dem Schneider. Keiner von uns hat seinen Teller übrigens leer gegessen, doch das war ja auch nicht anders zu erwarten.

Übung
Der Gelassenheitsblues

- Lehnen Sie sich innerlich zurück.
- Gestatten Sie es Ihrem vermeintlich unangenehmen Gefühl, da zu sein.
- Wie fühlt es sich an?
- Wo sitzt es genau?
- Betrachten Sie es weise und mit liebevoller Gelassenheit: Alles halb so wild, an zähem Braten ist noch kein Mensch qualvoll gestorben!
- Versuchen Sie ein bisschen Humor in die ganze Sache zu bringen. Auch dem größten und berühmtesten Küchenmeister ist schon mal etwas misslungen und in die Hose gegangen.
- Hören Sie den Gelassenheitsblues in sich?

Spülen, Scheuern, Wischen –

das große Clean-up

»Schöpferisch sein – das hat nichts mit einem bestimmten Tun wie Malen, Dichten, Tanzen oder Singen zu tun. Es ist an nichts Besonderes geknüpft. Man kann alles schöpferisch machen …«
DER INDISCHE MEISTER OSHO IN EINEM SEINER VORTRÄGE

Wenn Sie das diesem Kapitel voranstehende Zitat von Osho gelesen haben, dann mögen Sie sich vielleicht fragen, was schöpferisches Tun mit Abspülen und Aufräumen zu tun hat. Meine beste Freundin würde sich in ihrer impulsiven Art vielleicht sogar an die Stirn tippen und sagen: »Du hast sie wohl nicht mehr alle beisammen in deinem hübschen Oberstübchen. Ich schufte täglich in meiner Küche, bereite drei Mahlzeiten für die ganze Familie zu und dein blödes ›Clean-up‹ kannst du bei mir auch mehrmals am Tag haben. Kaum sind nämlich die Küche samt Fußboden und Arbeitsflächen picobello gewischt, fängt die ganze Arbeit wieder von vorn an, und das tagaus, tagein. Ich fühle mich weder besonders kreativ noch kann ich behaupten, von Glücksgefühlen überschwemmt zu werden!«
Die Gute hat für sich gesehen natürlich nicht Unrecht. Es ist tatsächlich nicht leicht, in den immer gleichen, ermüdenden Tätigkeiten des Alltags das Schöpferische zu entdeckten. Doch nur dort haben wir die Gelegenheit dazu, ein anderes Leben haben wir nicht – nur diesen Augenblick, jetzt!

Wie sich schmutzige Teller in putzige Babys verwandeln

Vor einigen Jahren besuchte ich Plum Village, das buddhistische Kloster Thich Nhat Hanhs in Frankreich. Der berühmte vietnamesische Mönch hatte zu einem dreiwöchigen Retreat zum Thema »Atmen« eingeladen und diesem Ruf waren einschließlich mir an die 800 Menschen aus aller Herren Länder gefolgt. Man kann sich das ein bisschen wie ein großes Zeltlager vorstellen, allerdings ist der Tagesablauf strenger strukturiert, es wird viel meditiert und man steht in der Regel sehr früh auf. Zudem werden viele Vorträge gehalten, streckenweise wird geschwiegen und man trifft sich in Gruppen, um sich über das Erlebte auszutauschen. Ein schönes und friedliches Zusammentreffen, bei dem es auch gilt, den Mönchen und Nonnen des Klosters, rein arbeitstechnisch gesehen, unter die Arme zu greifen, denn so viele Menschen wollen ja auch versorgt und bekocht werden. Also wird man gleich nach der Anreise in eine der vielen Arbeitsgruppen eingeteilt – was in meinem Falle und zu meinem Entsetzen hieß: Klos putzen.

Wie Sie sich unschwer vorstellen können, war ich über mein neues Arbeitsfeld nicht gerade begeistert. Doch ich machte gute Miene zum bösen Spiel und wischte jeden Morgen recht schnell und halbherzig die mir zugewiesenen Toiletten. Dies ging ein paar Tage gut, bis eines Morgens besagter Mönch einen Vortrag über das Abspülen von Geschirr hielt. Ja, Sie haben richtig gelesen, denn das Atmen spielt auch da, man mag es kaum glauben, eine nicht unwesentliche Rolle. Zuerst sprach er vom Akt des Spülens an sich. Und wie er da so mit glänzenden Augen erzählte, dass man sich den Teller oder die Tasse oder den Topf als etwas ganz Kostbares vorstellen sollte – was es im Grunde auch ist, denn woraus sollten wir ohne diese Gegenstände wohl essen und trinken? –, da sprang ein kleiner Funke seiner Begeisterung auch auf mich über.

Er empfahl uns, einen solchen Alltagsgegenstand, wie beispielsweise einen banalen Teller, wie ein kleines, zartes Baby zu behandeln, das sanft ins warme Wasser getaucht wird, um danach behutsam abgetrocknet zu werden. Das bricht, laut Thich Nhat Hanh, zunächst mal in der Tiefe den Widerstand, etwas Ungeliebtes schnellstmöglich hinter sich bringen zu wollen. Dieses langsame, aufmerksame und behutsame Tun entspannt spürbar die Muskeln und bringt uns dahin, wo wir gerade sind, nämlich zum Abspülen. Die Vorstellung, ein kleines, hilfloses Kind zu baden, lässt uns, so komisch es klingen mag, in wirklichen, echten Kontakt mit dem Ding da in unseren Händen treten. Wir betrachten und fühlen den Teller anders – oder überhaupt zum ersten Mal bewusst. Jetzt beginnt auch der Atem leichter zu fließen, doch dazu später mehr.

»Wie fühlt sich ein Porzellanteller im Spülwasser an?«

Ich war jedenfalls sofort Feuer und Flamme, das wollte ich bei meinen Toiletten auch ausprobieren. Ich konnte kaum den nächsten Morgen erwarten und als es dann so weit war, betrat ich hoch motiviert meine vier Klokabinen und drei Duschen. Ums kurz zu machen, denn Sie brennen sicher schon auf die Umsetzung des Ganzen bei sich zu Hause in der Küche: Es ging nicht gleich so flott von der Hand, wie im Vortrag angekündigt; ich hatte anfangs doch Schwierigkeiten, einen wirklichen Bezug zu meiner Arbeit zu finden. Doch ich wurde im Laufe der drei Wochen tatsächlich immer schöpferischer. Mir meine Klos als meinen eigenen Nachwuchs vorzustellen überstieg zwar die Grenzen meiner Fantasie, doch beim Wischen und Putzen begann ich nun genauer hinzufühlen – das kühle Porzellan der Schüsseln, die Glätte des Fußbodens und die raue Oberfläche der hoffnungslos verkalkten Duschköpfe. Ich begann, mir vorzustellen, wie sehr sich die Besucher »meiner« Toiletten freuen, wenn alles frisch duftete und sie keine Angst haben müssten, sich irgendwelche Krankheiten einzufangen, und so legte ich mich richtig ins Zeug. Ich begann, Blümchen zu pflücken, um sie in kleinen Gläsern auf den Ablageflächen über den Waschbecken aufzustellen, und zu guter Letzt sang ich mit meiner Putznachbarin vom Nachbarklohaus über die Abtrennung hinweg lustige Lieder und sogar tibetische Mantren – ihr Repertoire war diesbezüglich verblüffend groß – in die einzelnen Klokabinen hinein, um die »stickige« Atmosphäre etwas luftiger aufzuladen. Doch das bleibt unser Geheimnis, versprochen? Denn eigentlich galt während der Arbeitszeit im Kloster striktes Schweigegebot.

Übung
Das fliegende Putzschwämmchen

- Achten Sie beim nächsten Putzen einmal darauf, mit wie viel Kraft Sie das Putzschwämmchen über die Kacheln fliegen lassen.
- Braucht es diesen Druck? Ist er angemessen oder zu stark?
- Verschwenden Sie da nicht unnötig Kraft?
- An was denken Sie?
- Drücken Sie gegen die Kacheln oder vielleicht gegen die Wut, die in Ihnen ist?
- Sehen Sie, wie schön die Kacheln glänzen?
- Wenn Sie Lust haben, stimmen Sie doch wie ich ein Liedchen beim Arbeiten an, Sie werden sehen, wie viel mehr Freude Sie dann empfinden.

In den Groß- und Restaurantküchen dieser Welt wird nicht nur aus Hygienegründen bisweilen bis tief in die Nacht fleißig geschrubbt und gewienert, denn blinkende Arbeitsflächen und saubere Küchengeräte bewirken, dass das kreative Gehirn beginnt, auf Hochtouren zu laufen.
In den Küchen von Zenklöstern symboliert ein porentief reines und sauberes Arbeitsbrett übrigens den sogenannten leeren Geist, also frei übersetzt ein menschliches Hirn frei von unnötigen Gedanken, Sorgen und Träumereien. Da ist dann viel Platz für neue Küchenkreationen!

Alte Verspannungen aufdecken

Wenn Sie für Ihren nächsten Abwasch – und der kommt (leider oder zum Glück) so sicher wie das Amen in der Kirche! – das schmutzige Geschirr zusammentragen, dann beginnen Sie, wie wir das mittlerweile schon mehrfach geübt haben, Ihre Achtsamkeit auf Ihren Körper zu lenken. Dabei ist es vollkommen gleichgültig, ob Sie nun das Geschirr in der Spülmaschine stapeln werden oder per Hand abwaschen, es zählt einzig und allein Ihre Aufmerksamkeit für das, was Sie gerade tun.

Gehen wir also mal davon aus, dass Sie per Hand spülen. Ihre Arbeitsabläufe sind seit Jahren, ja vielleicht seit Jahrzehnten (!) immer gleich und eigentlich könnten Sie nun Ihr Gehirn auf Automatik schalten, denn Ihre Hände wüssten auch ohne Ihr Zutun, was zu tun ist. Doch wenn Sie sich jetzt, im übertragenen Sinne, dafür entscheiden, die Gangschaltung zu benutzen, und somit der bewusste Fahrer oder die bewusste Fahrerin zu bleiben, dann werden Sie vielleicht feststellen, dass sich in Ihrer Motorik und in Ihren Muskeln allerhand abspielt.

Für mich war es regelrecht ein Aha-Erlebnis, als ich feststellte, dass ich, um diese ungeliebte Tätigkeit des Abwaschens schnellstmöglich hinter mich zu bringen, einige meiner Muskeln besonders anspannte – vor allem im Nackenbereich und in den Oberarmen. Dadurch übte ich nicht nur einen hohen Druck auf bestimmte Teile meines Körpers aus, auch mein Geschirr wurde in Mitleidenschaft gezogen. Manche zarten Gebilde, wie beispielsweise meine geliebten Weingläser vom Flohmarkt, zerbrachen regelmäßig unter meinem unbewussten Bizeps-Workout.

Übung
Anspannen – entspannen

- Versuchen Sie, während Sie den Abwasch erledigen, hinzuspüren, in welchen Körperteilen bei Ihnen die Hast, die Eile, dieses Ich-will-es-schnell-hinter-mich-bringen und der damit einhergehende Widerstand sitzen, um Ihre Muskeln regelrecht zu verspannen.
- Haben Sie einige dieser Orte aufgespürt – oder vielleicht zum ersten Mal überhaupt ein Gefühl dafür bekommen, dass Sie unter erhöhtem Druck arbeiten, aus welchem Grund auch immer –, dann können Sie ganz bewusst vom Gas runtergehen und einen Gang zurückschalten, indem Sie vielleicht Ihren Schwamm langsamer über die Oberfläche des Tellers in Ihren Fingern kreisen lassen oder einmal tief durchatmen und die Hände für einige Sekunden im warmen Spülwasser baden.
- Sie können jedoch auch direkt Ihre gesamte Aufmerksamkeit Ihren armen, verspannten Muskel widmen und sie eingehend und so liebevoll wie möglich erspüren – ähnlich einer Mutter, die erst einmal das aufgeschlagene Knie ihres Kindes genau betrachtet, ehe sie damit beginnt, es zu verarzten.

Verkrampfte Muskeln und Körperteile freuen sich über erhöhte Aufmerksamkeit. Meist werden sie von uns ja eher ignoriert und abgelehnt, bis sie erste Alarmzeichen, beispielsweise in Form von Schmerz abgeben, sodass wir schließlich zum Arzt gehen müssen. Wir wollen unseren Körper leicht und geschmeidig haben, nicht verdreht, steif, zusammengezogen und von Schmerzen gepeinigt – also wenden wir uns unterbewusst oft von diesen unangenehmen Zuständen ab.
Dabei hilft es unseren verspannten Regionen enorm, wenn wir beginnen, sie regelmäßig genauer unter die Lupe zu nehmen. Sie können sich dann endlich, und sei es manchmal auch nur minimal, im wahrsten Sinne des Wortes entspannen, weil sich ihnen jemand zuwendet und sich für sie beginnt zu interessieren. Dieses liebevolle Sich-selbst-Zuwenden bewirkt in der Folge auch ein wacheres Zuwenden zu jenen Dingen – und Menschen –, die uns umgeben. Dann können wir auch damit beginnen, unser Geschirr so abzuwaschen, als sei es unser eigen Fleisch und Blut, wie es uns Thich Nhat Hanh vorgeschlagen hat – höchste Zeit, es nun endlich auszuprobieren!

Übung
Mein Baby baden

Für diese Übung steht die Spülmaschine, falls Sie eine besitzen, ausnahmsweise mal still. Wir werden unsere Hände ganz altmodisch in warmes, seifiges Spülwasser tauchen, um in direkten Kontakt mit Tassen und Tellern zu gehen. Es muss übrigens nicht gleich ein ganzer Berg von schmutzigem Geschirr sein, also keine komplette Kleinkindgruppe, um bei der Idee des »Babybadens« zu bleiben, ein paar Suppenteller sind zu Beginn vollkommen ausreichend. Lassen Sie sich auch diesmal genügend Zeit, um genau hinzuspüren, damit das Spülen zu einer sinnlichen und freudigen Erfahrung werden kann.

- Nach dem Einlaufen des Spülwassers stellen Sie sich nun bewusst vor Ihr Spülbecken. Achten Sie dabei auf die Haltung Ihres gesamten Körpers, vom Scheitel bis hinunter zu den Zehenspitzen, und beobachten Sie für ein, zwei Minuten ganz genau, wie sich Ihr Körper in Erwartung auf die anstehende Übung regelrecht beginnt, sich auszurichten.
- Beobachten Sie einige Atemzüge lang das Wunder des Ein- und Ausatmens; Atmen geht ganz von allein, Sie müssen nichts dafür tun – ist Ihnen das schon mal aufgefallen?
- Vielleicht spüren Sie nun freudige Erwartung auf das, was da nun kommen mag, oder aber Ihr kleiner innerer Schweinehund flüstert Ihnen ins Ohr, dass es einfach nur lächerlich ist, sich auf solch eine komische Übung einzulassen. »Lass es uns schnell hinter uns bringen«, wispert der kleine Gnom vielleicht gerade in Ihrem Gehörgang. Da Sie aber nun bereits schon die eine oder andere vermeintlich eigenartige Übung mitge-

macht haben, wird der kleine Schweinehund hoffentlich nicht ernst genommen und wir können fortfahren.

- Tauchen Sie Ihre Hände ins warme Wasser. Wie fühlt sich das Wasser auf der Haut an? Entspannt sich da vielleicht eine bestimmte Stelle in Ihrem Körper – oder verkrampfen sich gar ein paar Muskeln, weil das Wasser zu heiß oder zu kalt ist? Was macht Ihr Atem?
- Greifen Sie nun nach dem ersten Geschirrteil – vielleicht eine Schale, ein Teller oder eine Tasse. Halten Sie es sanft in Ihren Händen, als hielten Sie den Kopf eines Neugeborenen bei seinem ersten Wannenbad über das Wasser. Ganz zart und zerbrechlich ist so ein kleines Wesen.
- Nehmen Sie sich nun einen Schwamm oder ein Tuch und beginnen Sie damit, Ihr Baby zu waschen. In Ihren sicheren Händen wird das Kleine nun sanft gedreht und gewendet, damit es von allen Seiten sauber wird.
- Versuchen Sie, dabei bewusst wahrzunehmen, wie sich das Glas oder das Porzellan unter Ihren Fingern anfühlt. Glatt oder gar porös, mit kleinen Erhebungen und vielleicht sogar etwas kühler als das schaumige Spülwasser drum herum?
- Verfahren Sie mit den anderen Geschirrteilen in Ihrem Spülbecken genauso; versuchen Sie, dabei so aufmerksam wie möglich zu sein. Und zwar nicht nur, was Ihre kleinen Babys im Badewasser betrifft, sondern auch in Bezug auf Ihren Körper mitsamt seinen Bewegungen, seinem Atem und all seinen möglichen Verspannungen.
- Nach dem Spülen möchten Sie Ihre kleinen Babys vielleicht noch trocken rubbeln oder einfach nur sachte abtupfen.

Dieses achtsame Tun können Sie übrigens in Ihrer kompletten Küche anwenden, nicht nur am Spülbecken. Schlichtweg jeder einzelne Arbeitsschritt wird angenehmer und stressfreier, wenn Sie sich mit Respekt und freundlichem Gewahrsein den Dingen gegenüber öffnen. Ich bilde mir sogar manchmal ein, dass die Gegenstände in meiner Küche regelrecht aufatmen, wenn ich sie sanft und respektvoll behandle.
Das gelingt mir im Alltag natürlich nicht immer, manchmal klappere ich z. B. mit meinem Geschirr, als gälte es einen hoch dotierten Preis für den lautesten Spülvorgang zu gewinnen, doch manchmal, mitten im größten Arbeitsstress, ertappe ich mich dann dabei, wie ich plotzlich ganz sanft und liebevoll über eine Arbeitsfläche wische – und mit einem Mal habe ich wieder das Bild der zärtlich gebadeten Babys vor Augen. Mein Atem wird ruhiger, ich nehme das Holz vor mir wahr, wie es geduldig tagein, tagaus von mir »bearbeitet« wird – und das kleine Glück gluckert und ich fühle mich lebendig und froh.

Nun überlasse ich Sie wieder ganz allein Ihrer Küche und Ihren Erfahrungen und wünsche Ihnen viel Spaß beim achtsamen Kochen, Spülen und Arbeiten. Und richten Sie bitte dem Glück einen schönen Gruß von mir aus, wenn es demnächst bei Ihnen in der Küche vorbeischaut.

»Hat das kleine Glück heute schon gegluckert?«

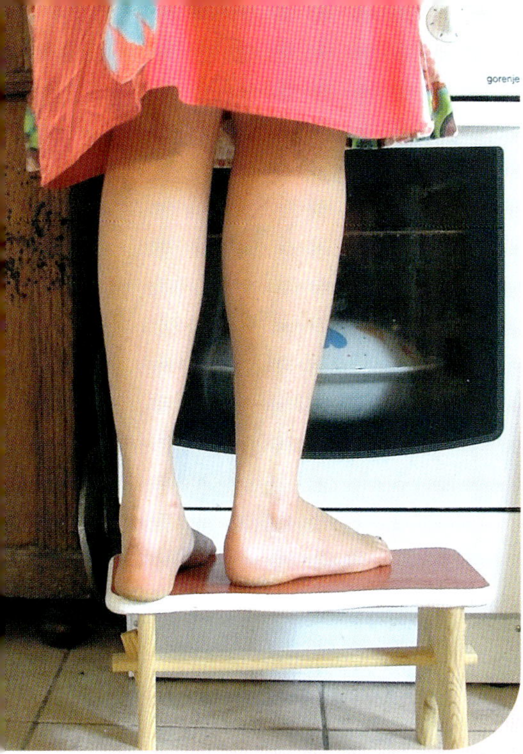
gorenje

CAPPUCCINO ESPRESSO

Danke

»Das Leben gleicht einem Zug. Es lebt sich, doch es geht darum, ob wir im Schlafwagen mitfahren, immer mit heruntergelassenen Rollos, oder ob wir sie hochziehen und die Welt erkennen.«
GENPO ROSHI

Um sich überhaupt erst einmal bewusst zu werden, dass man in einem Zugabteil mit geschlossenen Rollläden durch sein eigenes Leben fährt, braucht man liebevolle Menschen und Lehrer, die einem helfen, einen klaren Blick auf das, was sich im Zug und vor allem jenseits des Fensters befindet, zu entwickeln. Ich habe das große Glück, immer wieder genau die richtigen Lehrer für mich zu finden, und danke neben Thich Nhat Hanh, meinem Lehrer der ersten Stunde, vor allem Marie Mannschatz, Carol Wilson und Sally Clough Armstrong von ganzem Herzen. Ihnen allen ist, neben vielen anderen, die mich bisher durch mein Leben begleitet haben und von denen ich lernen durfte, dieses Buch gewidmet.

Neben guten Lehrern und weisen Menschen braucht es aber auch nahe und liebe Freunde, die das Leben bereichern und die mit uns durch dick und dünn gehen. Ein Leben ohne Freundschaft ist für mich wie ein Gericht ohne Gewürze, um im Küchenjargon zu bleiben. Meine Lieblingsgewürze heißen Dagmar, Maria, Michi, Silke, Fabian, Jan und Ana – ohne euch wäre jede Suppe in meinem Leben einfach nur fade.
Vielen Dank für eure Liebe!

Manchmal vereinigen sich auch Freundschaft und gemeinsames Arbeiten zu einem außergewöhnlichen Cocktail.
Die Recherchen für dieses Buch führten mich für drei Monate über den großen Teich in die Vereinigten Staaten, genauer gesagt nach Nordkalifornien. Dort hatte ich das Glück, besonders interessanten, aber auch sehr warmherzigen und offenen Menschen – darunter auch einigen begnadeten Köchen und Köchinnen – zu begegnen. Allen voran Beth Baker und Eric Kahn, die mich gleich zu Beginn meiner Reise in ihr Haus, das über meinen ganzen Aufenthalt hinweg immer wieder zu einer Art Stützpunkt wurde, aufnahmen und mir so ein Stückchen Heimat in einem mir anfangs sehr fremden Land schenkten. Der Grundstein für eine wunderbare Freundschaft wurde in dieser Zeit

gelegt. Beth und Eric, euch hat wahrlich der Himmel geschickt! Beth ermöglichte mir zudem, im Rahmen eines vierwöchigen Schweigeretreats, den Köchen in der Küche von Spirit Rock, einem namhaften Meditationszentrum in den USA, über die Schulter zu schauen. Ihnen und ganz besonders auch meinen Lehrern und der Sangha vom Februar 2010 schicke ich über besagten großen Teich hinweg inniges und von Herzen tief empfundenes Metta. Sergio, Eva, Mary, Emily and Monika, I carry you in my heart – see you soon guys! An dieser Stelle möchte ich auch der »Kitchen-Crew« von Green Gulch danken, einem Zen-Zentrum nahe San Francisco, unter der Leitung von Reirin Gambo, in dem ich zwei Wochen lang als einfache Küchenhilfe arbeiten durfte. Außerdem geht ein nicht minder wichtiges Dankeschön an Mohamed in San Rafael, der meinen Laptop immer wieder zu neuem Leben erweckte, sodass ich auch in der »Neuen Welt« fleißig schreiben konnte.

Schließlich bedanke ich mich zutiefst bei den Menschen, die, manchmal auch ohne ihr Wissen, ihre Koch- und Essensgeschichten oder auch ihre Rezepte zu diesem Buch beigesteuert haben – und bei all denjenigen, die ich in ihren Küchen am Herd begleiten durfte. Stellvertretend für viele seien hier an dieser Stelle Allan Bird, Edward Espe Brown, Mary Kelly, Agi Egger, Waz Thomas und Tenshin genannt. Und zu guter Letzt geht ein herzliches Dankeschön an Kohei Hahn für die Hilfe bei der Namensgebung unseres Herrn Yamano, an meine Cousine Barbara Torez für den ständigen heißen Draht von Texas nach Kalifornien, an Frau Scheitzach, meiner ehemaligen Deutschlehrerin und Mentorin der ersten Stunde in Sachen Schreiben, an meine Eltern für ihre Unterstützung, an James Baraz für die Anregung zur Übung mit unseren außerirdischen Freunden und an Jochen Amma Fuchs für die Übung »Das belegte Brot«.

Literatur

Susan Albers: Ein Leben im Gleichgewicht, Buddhas Weg achtsamen Genießens, Freiamt im Schwarzwald 2009

Jan Chozen Bays: Achtsam essen, Freiamt im Schwarzwald 2009

Charles W. Brooks: Erleben durch die Sinne, Sensory Awareness, Paderborn 2005

Edward Espe Brown: Das Lächeln der Radieschen. Zen in der Kunst des Kochens, München 2007

ders.: Let your passion cook, Shambhala Sun, Ausgabe March 2010, Boulder CO USA

ders.: The Complete Tassajara Cookbook, Boston MA USA 2009

Bill Buford: HITZE, Abenteuer eines Amateurs als Küchensklave, Sous-Chef, Pastamacher und Metzgerlehrling, München 2008

John Dickie: DELIZIA! Die Italiener und ihre Küche, Geschichte einer Leidenschaft, Frankfurt am Main 2008

Terces Engelhart with Orchid: I Am Grateful, Recipes and Lifestyle of Café Gratitude, Berkeley CA USA 2007

Thomas Pappas, David Scott: The Three Bowl Cookbook: The Secrets of Enlightened Cooking from the Zen Mountain Center, North Clarendon VE USA 2000

Julie Powell: Julie & Julia. 365 Tage, 524 Rezepte und 1 winzige Küche, München 2007

Kosho Uchiyama Roshi: Zen für Küche und Leben, Frankfurt am Main 2007

Frank Schüre: Die Kunst, eine Möhre zu schälen. Anleitung zu einem achtsamen Leben, München 2007

Brian Wansink: Essen ohne Sinn und Verstand. Wie die Lebensmittelindustrie uns manipuliert, Frankfurt am Main 2008

Gregor Weber: Kochen ist Krieg!, München 2009

Doris Zölls, Christoph Zirkelbach: Wie Zen schmeckt. Die Kunst des achtsamen Genießens, München 2009

Rezeptverzeichnis

Susanne Seethaler, geboren 1969, wuchs im oberbayerischen Tegernsee auf. Vor mehr als 10 Jahren begann sie, Bücher über ihre bayerische Heimat zu schreiben. Doch ihre Leidenschaft gilt nicht nur den Schönheiten und Eigenarten Bayerns, sie steht auch mit der gleichen Begeisterung und Liebe hinter dem Herd. Seit ein paar Jahren kocht sie regelmäßig in einem kleinen Bistro und gibt Workshops zum Thema Achtsamkeit in der Küche. Susanne Seethaler praktiziert Vipassana- und Achtsamkeitsmeditation in der buddhistischen Tradition. Sie lebt, schreibt und kocht in München.

1999 erschien ihr Buch »Sagenhafte Burgen und Schlösser in Oberbayern«, 2003 »Altbayerische Klöster und ihre Legenden«, 2004 »Unsere bayerische Lebensart«, 2005 »Die echte bayerische Küche, Traditional Bavarian Cooking«, 2007 »Das Heilwissen der Bauern« und 2009 »Das Heilwissen der Frauen vom Land«.
Sie bloggt unter:
www.susanneseethaler.de

Bücher von Susanne Seethaler

144 S., ISBN 978-3-485-01045-0

Die besten Rezepte der bayerischen Küche!

Lassen Sie sich von traditionellen Klassikern verführen: Deftiges wie Schweinsbraten mit Kraut und Knödeln, Krautsalat und Obatzda, Ente und Gans gebraten, Haxen, Leberkäse, Weißwürste und leckere Mehlspeisen liebt man besonders in Bayern. Aber auch Probierfreudige werden fündig bei Rezepten für Ochsenschwanz oder Ochsenmaulsalat, gebackenes Kuheuter oder süße Hasenöhrl. Gewürzt werden die Rezepte mit Geschichten und Wissenswertem zur bayerischen Esskultur.

144 S., ISBN 978-3-485-01175-4

Von Kräuterwickel bis Tinkturen

Susanne Seethaler hat Bäuerinnen nach den alten Traditionen befragt und bewährte Hausmittel für Frauenbeschwerden, magische und christliche Rituale und heimische Kräuteranwendungen zusammengestellt. Die Rezepte und Tipps stammen von Frauen, die stark verwurzelt sind im Glauben oder ganz im Einklang mit der Natur leben; Frauen, die nicht viel Aufhebens machen um ihre Weisheit. Denn schließlich liegt alles in der Hand Gottes – doch ein bisschen Nachhelfen hat noch nie geschadet.

144 S., ISBN 978-3-485-01106-8

Selbsttherapie aus der Natur

Das alte Wissen vom Heilen ist auch in unserer Heimat noch lebendig. Hier werden seit Generationen überlieferte, einfach anwendbare Hausmittel für die häufigsten Beschwerden beschrieben. Die Autorin erklärt die wichtigsten Heilpflanzen, die Zubereitung von Salben, Tinkturen und Tees und beschreibt Gebete und Rituale wie Räuchern und Abbeten. Das umfassende Nachschlagewerk überlieferter Hausmittel ist zugleich auch ein atmosphärisches Porträt über das Verbundensein von Mensch und Natur.

Das kompetente Ratgeber-Programm

144 S., ISBN 978-3-485-01147-1

Aufschlussreich und mit konstruktiven Tipps: Der Erfolgsautor und erfahrene Psychotherapeut deckt die psychologischen Hintergründe unseres Umgangs mit Geld auf und erklärt, wie wir zu einem entspannten Verhältnis zum Geld zurückfinden.

128 S., ISBN 978-3-485-01120-4

Die Botschaften der Seele verstehen: Ruediger Dahlke zeigt, wie jeder konkret etwas für sich tun kann, wenn Angst, Stress, Burn-out, Trauer, Wut oder Enttäuschung das Leben beeinträchtigen. Die Übungen verhelfen zu mehr Vertrauen und Lebensfreude.

152 S., ISBN 978-3-485-01307-9

Erneuern Sie Körper und Seele! Dank Fasten hört, sieht, riecht, schmeckt, fühlt man intensiver. Die Autoren erklären, wie man das Bewusstsein für alle Sinne schult und Qualitäten wie Entscheidungskraft entwickelt oder eine klare Vision des eigenen Lebens findet.

128 S., ISBN 978-3-485-01165-5

Männersache! Patrick Broome zeigt Schritt für Schritt komplexe Bewegungsserien, die an die Bedürfnisse des männlichen Körpers angepasst sind und der Dehnung und Kräftigung dienen. Sie sorgen für innere Stärke, verleihen Balance und Gelassenheit.

136 S., ISBN 978-3-485-01308-6

Wie wir wohnen, zeigt, wer wir sind: Wer seinen Lebensraum aufmerksam betrachtet, erfährt Erstaunliches über sich selbst. Der Wohnpsychologe zeigt, wie jeder das individuelle Zuhause einrichten kann, das ihm entspricht und in dem er sich wohlfühlt.

128 S., ISBN 978-3-485-01190-7

Entrümpeln leicht gemacht! Das ultimative Buch für Platz im Kleiderschrank und das stilgerechte Outfit, unabhängig von Alter, Figur und finanziellen Mitteln. Mithilfe von Fragebögen, Übungen und Checklisten werden Sie zur Meisterin Ihrer Garderobe.

nymphenburger